Karl Hostettler

Was heisst Christ sein

Titelbild: Tobias Koster

Theologische Beratung: Pfarrer Urs Hostettler

Karl Hostettler, ursprünglich Ing. Agr. und Dr. sc. techn, beendete 2004 als Frührentner an der Universität Zürich ein Studium der Philosophie. In diesem Zusammenhang befasst er sich intensiv mit Fragen der Erkenntnis, die auch im Glauben eine grosse Rolle spielen.

Von 1974 bis 1977 arbeitete er als Landwirtschaftlicher Berater für eine einheimische Kirche in Westborneo.

Herstellung und Verlag: BoD - Books on Demand, Norderstedt

ISBN 978-3-7519-4915-6

Inhalt

1 Worum es mir geht

Schaffen wir gemeinsam eine möglichst gute Welt! Es ist dies das Ziel, das ich mit meiner Schrift verfolge. Ich glaube an dieses Ziel. Ich lebe für dieses Ziel. Es ist auch das Ziel des christlichen Glaubens.

Mir stellt sich ein Problem. Zwar bin ich als Christ aufgewachsen und während langer Zeit habe ich meinen christlichen Glauben nicht in Frage gestellt. Heute ist es anders. Ich frage mich: Soll ich mich als älterer Mensch noch immer zum christlichen Glauben bekennen? Doch, ich will es. Aber meine christliche Erziehung genügt mir nicht mehr. Heute stelle ich mir die Frage, ob meine eigenen Ziele und jene des christlichen Glaubens einander noch entsprechen.

Zum Verständnis meiner Aussagen muss ich erklären, wie ich denke. Ich glaube an den Verstand. Ich lehne ab, was er mich nicht gutheissen lässt. Ihm verdanke ich mein Wissen. Er sagt mir, was Wissen ist, was „wissen" bedeutet und wie wir zu Wissen gelangen. Er sagt mir auch klar: Es gibt Wissen. Es muss Wissen geben! Denn ohne viele Kenntnisse über unsere Welt könnten wir gar nicht leben.

Mein Verstand sagt mir aber noch anderes. Ihm verdanke ich auch die Erkenntnis, dass wir nie alles wissen werden. Unser Leben zum Beispiel ist endlich. Woher wir kommen und wohin wir gehen, werden wir wohl nie sagen können! Noch nicht einmal uns selbst, uns in unserem Erleben, können wir erklären. In manchen Fällen bleibt nur der

Glaube!

Um eine Antwort auf meine oben erwähnte Frage zu finden, muss ich wissen, was der christliche Glaube wirklich will. Für manche ist Christ, wer an Gott, an die Bibel und an Jesus glaubt. Manche glauben an Jesus als den leiblichen Sohn Gottes. Manche sehen ihn sogar als den Mensch gewordenen Gott! Für manche Gläubigen gehören zum christlichen Glauben neben einem gottgewollten Denken und Tun noch verschiedene religiöse Handlungen. – Viele solcher Vorstellungen sind mir fremd.

Vor 2000 Jahren hat uns ein Jude mit seinen Worten und seinem Handeln das Wesentliche unseres Glaubens gezeigt. Er lehrt uns anderes. Um zu erkennen, was er wirklich wollte, müssen wir zu ihm und seinen eigenen Worten zurückgehen. Anhand der vorliegenden Berichte, kritisch betrachtet, erkennen wir es leicht: Christ sein ist anders; anders, als es sich viele Menschen vorstellen, auch Menschen, die sich für strenggläubige Christen halten! Der Frage, was Jesus wollte, geht systematisch die heutige Theologie nach. Sie sagt nicht nur, was die jüdische Religion gemäss Bibel will. Sie sagt vor allem auch, welche *neuen* Forderungen Jesus – als gläubiger Jude! – an den Glauben gestellt hat. Das Bild der kritischen Theologie widerspricht manchem Alltagsglauben.

Was also wollte Jesus wirklich? Seine grosse Leistung: Er hat im Glauben einen Sinn gesucht. Jesus war gläubiger Jude. Aber es ging ihm nicht um ein wörtliches Einhalten der religiösen Vorschriften seines Volkes. *Die Religion und ihre Regeln sollten uns Menschen dienen. Dazu sind sie da.* Für Jesus waren der Wille Gottes und das Wohl der Menschen eins. Seine zweite Leistung: *Er hat seinen Glauben* – der jüdische Glaube galt nur für Juden unter Juden – *für alle Menschen geöffnet.* Es geht im christlichen Glauben also um den Sinn all dessen, was wir tun, und es geht um den gleichen Wert aller Menschen. Mit diesen Forderungen als Ziel unseres Tuns hat Jesus einen neuen Aspekt in einen Glauben eingebracht. Wichtig ist nicht in erster Linie, streng nach religiösen Vorschriften zu leben. Wichtig ist das Ziel, das wir mit einer Handlung verfolgen. Jesus hat sich vor 2000 Jahren diese Frage gestellt und das eigentliche, vernünftige Ziel jeder religiösen Forderung erkannt. Er hat auch seiner Erkenntnis entsprechend gehandelt. Wenn wir in dieser Erkenntnis das Wesentliche unseres Glaubens sehen und nach ihr zu leben versuchen, brauchen wir uns vor keiner anderen Religion zu fürchten.

In einem möchte ich Jesus ergänzen. Nach heutigem Wissen verfügen auch gewisse Tiere über Empfindungen. Für mich als heutiger Mensch bezieht sich daher die christliche Forderung nach einem Sinn jeder Handlung auf alle erlebenden Wesen.

Wir leben in einer neuen Zeit.
Heute wissen wir vieles, was zur Zeit von Jesus noch nicht bekannt war. Manche Fragen hat früher die Religion beantwortet. Doch viele Aussagen haben sich als Trug erwiesen. Heute haben wir auf manche früheren Fragen

verlässliche Antworten. Wir wissen zum Beispiel, dass die Erde rund ist, dass sie sich täglich um sich selbst und jedes Jahr einmal um die Sonne dreht. Sogar über das Alter des Universums gibt uns eine Theorie Auskunft! Auch die Welt im ganz Kleinen erforschen wir. Auf manches neue Wissen können wir vertrauen, und zunehmend haben wir Mühe an Sachverhalte zu glauben, die dem wissenschaftlichen Weltbild widersprechen. Manche Menschen glauben, dass wir sogar einmal alles wissen werden, was zu wissen sich lohnt. (Ich selbst glaube es nicht.)

Wir leben heute – in der westlichen Welt – in einer neuen Zeit mit neuen Anforderungen. Dank dem technischen Fortschritt betrachten wir die Natur als gebändigt. Die Schwierigkeiten des Überlebens haben wir gemeistert. Sorge um die eigene materielle Existenz kennen wir nicht mehr. Gebannt ist auch die Gefahr des Hungers. Keine Religion muss uns noch zum Ausgleich der Widrigkeiten des Alltags Trost spenden! So haben sich denn auch unsere Lebensziele geändert. Heute leben wir vor allem um eines guten Lebens willen.

Auch unsere Auffassung über die Bedeutung des Glaubens ist eine andere geworden. Warum noch einen Gottesdienst besuchen? Manche Menschen stellen sich diese Frage. Die Kirchen bleiben weitgehend leer. Die Anzahl der Kirchenaustritte steigt. Ich will es nicht verschweigen: Auch ich selbst besuche kaum Gottesdienste. Weshalb sollte ich denn? Braucht ein Gott, ein allmächtiger, wirklich dieses Zeichen menschlicher Gefolgschaft? Ja, wir denken heute anders und wir brauchen anderes. Das betrifft auch mich.

Religion, noch aktuell?

Die Bedeutung unseres Glaubens hat sich tatsächlich verändert. Zwar mögen manche Menschen eine gewisse Religiosität noch immer als gut ansehen. Aber welche Religion soll es denn sein? Verbreitet hören wir die Auffassung, alle Religionen hätten ihr Gutes; denn stellten nicht alle an uns die Anforderung, gut zu handeln? Daher sollten wir sie alle als gleichwertig betrachten. Vielleicht werden gewisse Unterschiede eingestanden. Aber sollen diese für uns ein Problem sein? Auch dem eigenen Glauben, dem christlichen, so, wie ihn die Kirche lange Zeit gelehrt hat, kann man nicht immer folgen! Häufiger Schluss: In Glaubensfragen braucht es eben Toleranz. Jede Religion ist gut. Eine tolerante Gesinnung hilft uns über dasjenige hinwegzusehen, was uns vielleicht nicht gefällt.

Doch nun ein Einwand. Ist die Auffassung von einer angeblichen Gleichwertigkeit aller Religionen nicht gerade das Ergebnis von Gleichgültigkeit? Wollen die verschiedenen Religionen wirklich im Prinzip dasselbe? Woher wissen das die Gleichgültigen? Kennen sie überhaupt den Inhalt der verschiedenen Religionen? Es geht nicht nur um fremden Glauben. Es geht auch um den eigenen. Verfügen wir auch über ihn über hinreichende, sachlich kompetente Information?

Hat aber der christliche Glaube nicht ohnehin ausgedient? Er hat nicht. An Bedeutung verloren haben alt hergebrachte

Glaubensinhalte, wie sie noch immer das Denken mancher Christen prägen. Auch die Kirchen sind gefordert. Wenn sie den christlichen Glauben erhalten wollen, müssen sie sich den Anforderungen des heutigen Lebens stellen und nicht versuchen, die heutigen Menschen den alten Vorstellungen anzupassen.

Trotz aller Wissenschaft bleiben noch immer Fragen, auch Fragen, die uns stark interessieren. Was können wir glauben? Was *müssen* wir glauben? Müssen wir überhaupt etwas glauben? Und: Was *sollen* wir tun? Was *dürfen* wir *nicht* tun? Wie rechtfertigen wir unser Handeln?

Irrglaube

Einige noch immer verbreitete Meinungen zum christlichen Glauben lehne ich ab. Eine Behauptung lautet, nur der Glaube an Jesus könne uns retten, das heisst, der Glaube an seine reale Existenz als Sohn Gottes. Manche ziehen aus dieser Aussage den Schluss, es sei daher unsere Aufgabe, möglichst vielen Menschen von Jesus zu berichten. Sollen tatsächlich all die vielen, die nie etwas von Jesus gehört haben, verloren sein? Von diesem merkwürdigen Glauben habe ich mich schon als junger Mensch verabschiedet!

Auch eine andere Aussage lehne ich klar ab. Es handelt sich um die Vorstellung, nach der die Guten – zu denen man in der Regel sich selbst auch zählt – nach dem Tod ein ewiges Leben geniessen dürfen, die Schlechten dagegen für ihre Taten büssen müssen. Davon hat Jesus nichts gesagt. In der Bergpredigt hat er jene genannt, die sich am Ende ihres

Lebens freuen können: Freuen dürfen sich – unter anderem – jene, die man beschimpft und verfolgt hat und denen auch zu Unrecht alles Schlechte nachgesagt wurde. Aber die Guten? Und die Frommen? Und die Gerechten? Von all denen spricht Jesus nicht.

Zur Schrift

Die ersten Kapitel meiner Schrift enthalten kurz das nötige Wissen über unsere Religion. Es sind Bemerkungen zur Entstehung unseres Glaubens, einiges zur Bibel und schliesslich zu Jesus – wer er war und was er vermutlich gewollt hat. Es handelt sich um Sachverhalte, über die nach meiner Ansicht jeder Christ informiert sein sollte. Sie widersprechen in manchen Fällen landläufigen und auch oft gehörten Meinungen. – Die Bemerkungen werden ergänzt durch Gedanken zum Unterschied zwischen Wissen und Glauben und zur allgemeinen Bedeutung von Religionen.

Für mich war Jesus ein Genie. Um seine Leistung richtig würdigen zu können, müssen wir uns aber mit dem eigenen, menschlichen Wesen auseinandersetzen, und zwar ohne religiöse und andere Vorurteile. Im zweiten Teil meiner Arbeit werde ich auf solche Fragen eingehen und darzustellen versuchen, was uns als Menschen ausmacht, wo unsere realen Interessen liegen, weshalb in uns nicht nur Gutes lebt und wie wir das Schlechte hoffentlich überwinden werden. Offensichtlich hat Jesus einen grossen Teil dieses Wissen schon vor 2000 Jahren erahnt. Was sollen wir zum Beispiel als Sünde betrachten? Wir empfinden.

Empfindungen machen uns aus. Dank unseren Gefühlen können wir uns freuen. Empfindungen können uns aber auch quälen. Als Sünde müssen wir betrachten, was Leiden schafft. Gut ist dagegen, für ein gutes Leben und gegen das Leid zu kämpfen. Woher kommt aber das Übel? Es ist nicht gottgewollt. Das meiste Schlechte schaffen wir selbst! In uns leben ein Engelchen und ein Teufelchen. Wir brauchen beide! Sie machen uns zu einem widersprüchlichen Wesen. Wie gehen wir mit dieser Widersprüchlichkeit um? Ohne uns selbst zu verstehen, werden wir das Übel nicht meistern! Ein Blick auf unsere Entstehung erklärt die Herkunft unserer Widersprüchlichkeit. Er zeigt auch, weshalb wir glauben, was wir gern glauben und weshalb wir glauben müssen.

Die Schrift schliesst mit meinen Schlüssen auf einen der heutigen Zeit angepassten, christlichen Glauben.

2 Kurz zum christlichen Glauben

Wir kennen manche Religionen. Oft stellen sie Forderungen an unser Verhalten und machen Aussagen über Sachverhalte, die unserem Wissen nicht zugänglich sind. Was sie lehren, soll wahr sein. Doch die Aussagen der einzelnen Religionen unterscheiden sich. Nicht alle Inhalte können zutreffen. Heute stellen wir uns zunehmend auch ernsthaft die Frage, wie weit Religionen, so wie wir den Begriff „Religion" verstehen, noch in die heutige Welt passen. Wir müssen uns entscheiden: Wollen wir uns zu einer Religion bekennen? Wenn ja, zu welcher? Ich habe mich entschieden. Ich zähle mich zu den Christen.

Doch uns Christen stellt sich noch immer ein Problem. Oft beachten wir es nicht. Es gibt nicht einfach *ein* Christentum. Die Glaubensvorstellungen der einzelnen christlichen Gemeinschaften unterscheiden sich. Auch die katholische Kirche, die sich während der längsten Zeit für die einzige wahre christliche Kirche hielt, vertritt eigene Auffassungen, die sich zum Teil nicht einmal biblisch begründen lassen. Einige dieser Auffassungen müssen wir – Rom wird es nicht gern hören – nach unserem heutigen Weltbild als esoterisch bezeichnen. Zum Glück glauben auch viele gute Katholiken nicht mehr an alles, was die Kirche offiziell noch lehrt. Unser Denken hat sich geändert! Es ist allerdings noch nicht lange her.

Dazu ein persönliches Erlebnis. Vor 60 Jahren lese ich in der Zeitung „Neue Zürcher Nachrichten", der damaligen katholischen Zeitung Zürichs, die katholische Kirche betrachte die Reformierten nicht mehr als Sünder, nur noch als unschuldig Irrende. Meine Begeisterung für diese Toleranz hielt sich für mich als evangelischer Christ in Grenzen.

Wenn wir uns schon als einer Religion zugehörig betrachten, sollten wir auch ihre Grundlagen kennen. Das tun wir meistens nicht. Als Kind besuchte ich fleissig die Sonntagsschule, später die Kinderlehre und schliesslich den Konfirmandenunterricht. Eine Teilnahme an diesen Kursen war damals selbstverständlich. Sachliche Information gab es auch. Oder soll ich von „Indoktrination" reden? Wir hörten etwas von Noah und seiner Arche, von den Zehn Geboten und von Nächstenliebe. Wir hörten von Jesus' Geburt als Sohn Gottes, von seinen Wundern und seinem Tod am Kreuz. Er sei gestorben, um unsere Sünden auf sich zu nehmen. Wir mussten auch das apostolische Glaubensbekenntnis auswendig lernen, das unter anderem von der unbefleckten Empfängnis der Maria spricht. Was man uns erzählte, galt als wahr. Wir hatten es zu glauben. Bemerkungen oder Fragen gab es nicht. Auch wir, die Schüler, verlangten nicht danach.

Die Zeit hat sich geändert. Heute sind die Fragen da. Was wissen wir eigentlich von Jesus? Hat er überhaupt gelebt? Er, der nichts Schriftliches hinterlassen hat? Was wollte er? Was hat er wirklich gesagt? Was hat er geleistet? Was können wir glauben? Was *müssen* wir glauben? Jesus muss ein Kind seiner Zeit gewesen sein. Welche Probleme bewegten die Menschen in seinem Umfeld? Hilft uns eine kritische

14

Betrachtung seiner Worte und der biblischen Texte, unseren Glauben besser zu verstehen? Manches, was zu wissen wichtig wäre, hat man uns damals im Religionsunterricht nicht gesagt. Kritische Stellen, wie wir sie in der Bibel auch finden, wurden umschifft.

Bemerkungen zur Entwicklung des Judentums bis Jesus
Das Alte Testament enthält Berichte über die Geschichte des jüdischen Volkes und über die Entstehung des jüdischen Glaubens. Vermutlich waren bei den Ahnen der Juden, wie auch bei anderen urtümlichen Völkern, sogar Menschenopfer üblich. Diesen Schluss ziehen wir aus dem Bericht über Abraham, der bereit war, seinen eigenen Sohn Isaak Gott zu opfern. Die Bibel zeigt auch eine Entwicklung der israelitischen Gottesvorstellungen. Die Auffassung eines Gottes, der keine anderen Götter neben sich duldet, ist erst allmählich entstanden. Der verehrte Gott war vorerst ausschliesslich Gott der Israeliten. Die monotheistische Auffassung, die Auffassung eines einzigen Gottes aller Menschen und des ganzen Universums, hat sich erst im Verlaufe der Geschichte entwickelt.

Als Zeichen der Zugehörigkeit zum Volk der Juden dient die Beschneidung der Knaben. Daneben regelt eine grosse Anzahl an Vorschriften das tägliche Leben. Die Forderungen des Glaubens, auch die moralischen wie die Zehn Gebote, bezogen sich ursprünglich nur auf den Umgang der Juden mit anderen Juden. Dasselbe gilt auch für die Forderung nach Nächstenliebe, eine Vorschrift, die wir in den Büchern Mose finden. Nächstenliebe ist also keine Erfindung von Jesus! Da die moralischen Forderungen des Glaubens nur für das Handeln der Juden unter ihresgleichen galten, widersprachen Kriege gegen fremde Völker dem Glauben der Israeliten nicht! Aus meiner Sicht als heutiger Mensch ist die ursprüngliche biblische Denkweise stark von Eigengerechtigkeit geprägt.

Nicht alle biblischen Berichte sind jüdischen Ursprungs. Das gilt zum Beispiel für die Schöpfungsgeschichte. Sie stammt aus der babylonischen Kultur. Auch den Dualismus Gott und Satan kannten die Juden ursprünglich nicht. Er stammt von den Persern. Die jüdische Bibel kennt im Weiteren keine Seele. Der Mensch wird nach seinem Tod wieder zu Erde. Von einem Leben nach dem Tod ist nirgends die Rede.

Wichtig für das Verständnis der Entstehung des christlichen Glaubens ist die Messias-Vorstellung. Der Messias ist ein vom jüdischen Volk erhoffter König der Juden, Herrscher in einem die ganze Welt umspannenden Reich Gottes. Wir lernen diesen Begriff im Buch Jesaia kennen.

Während mehrerer Jahrhunderte lebten die Juden in Palästina weitgehend unter persischer Fremdherrschaft. Diese liess ihnen meistens viel Freiheit bei der Regelung der eigenen Probleme. Auch zur Zeit von Jesus bestand in Judäa unter römischer Vorherrschaft eine weitgehende Selbstverwaltung. Judäa war eine Theokratie. Das bedeutet: Es galten ausschliesslich die religiösen Gesetze. Jerusalem war das religiöse Zentrum des Judentums. Nur hier stand ein Tempel.

16

Nur hier durften Gott Opfer dargebracht werden. Zahlreiche Vorschriften bestimmten das Denken und Handeln der Juden. Trotzdem unterschieden sich die Auffassungen verschiedener jüdischer Gruppen. Die Pharisäer zum Beispiel achteten auf sehr strenges Befolgen der Gesetze der Thora. Offener die Sadduzäer. Zu ihnen gehörten vorwiegend Priester und Adlige. Im Gegensatz zu den Pharisäern verwarfen sie den im Alten Testament nirgends erwähnten Glauben an eine Auferstehung der Toten.

Zur Apokalyptik: Zur Zeit von Jesus glaubten viele Juden an ein Ende der bisherigen und die Entstehung einer neuen Welt. Jene Menschen, die sich vorbehaltlos zu Gott bekennen, sollten nach dem Tod ein neues, ewiges Leben erhalten. Diese Vorstellung verbreitete sich zur Zeit des Makkabäeraufstandes um 150 Jahre vor Christus als Folge einer massiven Unterdrückung des jüdischen Glaubens. Damals starben viele Juden den Märtyrertod. Verbreitet war auch die Vorstellung eines Gerichts Gottes. Nach seinem Tod wird jeder Mensch für sein Verhalten zur Rechenschaft gezogen. Überwiegen die guten Taten, folgt als Belohnung ein Leben in der neuen Welt, sonst als Strafe ein Leben am Ort des Schreckens. Eine ähnliche Erzählung, verbunden mit einer Vorstellung von Seelenwanderung, finden wir übrigens auch beim griechischen Philosophen Platon in seiner Schrift über das Staatswesen, verfasst rund 300 Jahre vor Jesus.

Zur Zeit von Jesus wohnte nur ein kleiner Teil der Juden im Königreich Judäa mit seinem Zentrum Jerusalem. Schon damals lebten sehr viele Juden ausserhalb Palästinas, vor allem in Alexandria, Antijochia und in Rom. Jerusalem war aber die ersehnte Heimatstadt. Zum Passahfest zogen zahlreiche Pilger nach Jerusalem. Auch Juden griechischer Sprache lebten dort. Andere Völker in Palästina, zum Beispiel die Samaritaner, vertraten andere Glaubensrichtungen.

Der jüdische Glaube richtet sich an das jüdische Volk. Über den Menschen thront Gott, ein einziger. Er hat den Menschen erschaffen. Er hat auch gesagt, wie dieser handeln soll. Um gottgefällig zu sein, muss man Gottes Forderungen beachten. Die religiösen Vorschriften regelten das Verhalten der Juden untereinander. Sie galten! Sie wurden auch respektiert. So etwas wie menschenähnliche Götter, die auf einem Olymp ihr ziemlich freies Leben fristen, gab es für das jüdische Volk nicht. – Eines leistet der jüdische Glaube nicht. Die zahlreichen Vorschriften sollen zwar dem Menschen dienen. Aus diesem Grund hat Gott sie auch erlassen. Aber sie gelten, weil es Gott so will. Das Wohl des einzelnen Menschen interessiert nicht.

Jesus

Dann kam Jesus. Jesus war Jude, und er hat sich nie gegen sein Judentum gewandt. Dass er einen neuen Glauben gründen wollte, davon wissen wir nichts. Er trat offensichtlich sehr erfolgreich als Geisteraustreiber auf. Er war gläubiger Jude, aber in Bezug auf den Glauben auch ein Reformer. Er suchte nach einem Sinn in den religiösen Forderungen und gab damit dem Glauben eine neue Bedeutung. Wie viele andere Juden zu seiner Zeit glaubte auch er an ein baldiges Weltende, an ein jüngstes Gericht und an

18

eine (körperlich verstandene) Auferstehung der Menschen, die vor Gott bestehen können. Es war wohl dieser Glaube, der ihn veranlasste, die Menschen zu einem gottgefälligen Handeln aufzufordern.

Hat Jesus gelebt? Es gibt Menschen, die es bestreiten. Zwar hat Jesus selbst nichts Schriftliches hinterlassen. All jenen, die seine Existenz ablehnen, werfe ich vor, sich nie ernsthaft mit den Berichten über seine Person auseinandergesetzt zu haben. Überliefert sind uns neben den Evangelien auch zahlreiche Briefe von Paulus und anderen frühen Christen. Zusammen bilden die Texte trotz gewisser Widersprüche ein stimmiges Ganzes.

Tat Jesus Wunder? Seine Anhänger glaubten es. Ich nicht. Aber ohne realen Hintergrund wären die Wundergeschichten nie entstanden. Offensichtlich hat Jesus sowohl mit seinen Worten als auch mit seinen Taten überzeugt. Er versammelte um sich eine Schar von Freunden, die an ihn als einen Menschen mit besonderen Kräften und an seine Worte glaubten.

Das frühe Christentum – die Geburt des christlichen Glaubens
Jesus wurde auf Geheiss des damaligen römischen Statthalters Pilatus (im Amt von 26 bis 36) oder jedenfalls mit dessen Einverständnis gefangen genommen und getötet. Für seine Kameraden muss sein Tod ein gewaltiger Schock gewesen sein. Sie wussten, was er gelehrt und vorgelebt hatte. Sie sahen in ihm mehr als einen Reformer. So schufen sie ihren eigenen Jesus. Seine Kameradin Maria aus Magdala

will ihn nach seinem Tod gesehen haben. Die anderen Kameraden erlebten in der Folge Ähnliches. Vermutlich suchten sie in der Bibel nach erklärenden Hinweisen. Dort fanden sie passende Prophezeiungen. Der Glaube an Jesus als den Messias, den König der Juden, entstand. Dieser Glaube verbreitete sich in Jerusalem rasch. Von Jesus selbst sind allerdings keine glaubhaften Aussagen überliefert, die diese Auffassung unterstützen würden.

Die aramäisch sprechenden Anhänger von Jesus (Aramäisch war damals die übliche Umgangssprache) verstanden sich noch immer als Juden. Sie hielten an ihrem jüdischen Glauben fest. In Jerusalem lebten aber auch Juden griechischer Sprache. Sie nahmen die Kritik von Jesus an den allzu strengen jüdischen Regeln gern an. Es entstand ein heftiger Streit zwischen den Juden griechischer Sprache und den aramäisch sprechenden Glaubensbrüdern. Die Gruppe der griechisch sprechenden Juden wurde aus Jerusalem vertrieben. Sie gaben aber Jesus' Botschaft an andere Gemeinden griechischer Sprache weiter.

Jesus' Botschaft überzeugte auch Nichtjuden. Sie suchten Anschluss an die neuen Gemeinden. Die Judenchristen in Jerusalem zeigten sich schliesslich (im „Apostelkonzil" zwischen 44 und 49) mit dem Beitritt nicht beschnittener Männer zu den neuen christlichen Gemeinden einverstanden. Damit entstand ein neuer, allen Menschen unabhängig von Sprache, Kultur, Volkszugehörigkeit und Rasse zugänglicher Glaube, der rasch an Boden gewann: Der christliche Glaube war geboren. Die neue Religion sollte für alle

20

Menschen gelten. Sie lehrte die Existenz eines einzigen Gottes aller Menschen und eine Ethik, die allen Menschen in gleicher Weise zu dienen hat. Noch bestand aber der Glaube an ein baldiges Kommen einer neuen Welt.

Eine Sitte war allen frühchristlichen Gemeinden eigen: Die Christen nahmen immer sonntagabends gemeinsam das Abendmahl ein. Es muss ein besinnliches, aber auch feuchtfröhliches Fest gewesen sein. Dieser Sitte verdanken wir wohl anstelle des Samstags den Sonntag als Ruhetag.

Zum Namen „Christus": Das griechische „Christos" meint „der Gesalbte". Die Könige der Juden wurden nicht mit einer Krönung, sondern mit einer Salbung in ihr Amt eingeführt. Für die neuen Christen war Jesus ihr König. Daher der Name „Jesus Christus".

Die spätere Entwicklung

Die neue Welt, an deren baldiges Kommen Jesus geglaubt hatte, kam nicht. Jesus hatte sich geirrt! Ihr Ausbleiben muss die neuen Christen vor ein grosses Problem gestellt haben. Die entstehende Kirche reagierte mit einer immer stärkeren Vergöttlichung von Jesus, die schliesslich im Jahr 325 am Konzil von Nicäa zur „Geburt" der Dreieinigkeit führte: Auf Geheiss von Kaiser Konstantin dem Ersten entschieden die Bischöfe am Konzil, Jesus sei nicht nur gottähnlich, sondern gottgleich. Damit war der Grundstein für den Glauben der katholischen Kirche an Jesus als den Mensch gewordenen Gott gelegt.

Trotz Jesus' Irrtum beherrschte weiterhin ein starker Glaube an ein Leben nach dem Tod das christliche Denken. Es entstand die Vorstellung einer geheimnisvollen Seele, die sich nach dem Tod vom Körper löst und in einem Jenseits das ewige Leben geniesst. Als notwendig wurde ein sündenfreies Leben erachtet. Sakramente sollten den Gläubigen von Sünde erlösen und ihn für das spätere Leben im Himmel vorbereiten. Eines dieser Instrumente war die „letzte Ölung". Dank den Sakramenten gewann die Kirche ausserordentliche Macht. Sie stellte auch eine ganze Anzahl weiterer Glaubensinhalte auf und forderte deren Anerkennung als Wahrheiten. Eines leistete der Glaube nicht: Bis zur Aufklärung gehörten zur europäischen Kultur unglaubliche Grausamkeiten. Auch die Kirche bekämpfte sie kaum, obschon sie dem Gebot der Liebe zum Mitmenschen radikal widersprachen. Viel Positives der christlichen Lehre blieb aber über alle Zeit erhalten.

Mit dem sogenannten Ablasshandel überspannte die Kirche vor 500 Jahren den Bogen. Eine geistige Revolte führte zur Reformation. Die Reformatoren wie Luther, Zwingli und Calvin verlangten eine Rückbesinnung auf die Bibel. Sie anerkannten nur Glaubensaussagen als christlich, die anhand biblischer Texte begründet werden können. Allerdings steht in der Bibel vieles. Welche Texte sind wirklich wichtig? Schon bald nach der Reformation erkannten reformierte Theologen dieses Problem. Sie schufen den Ausdruck „testimonium spiritus sancti internum". Die Bezeichnung „christlich" sollte nur Meinungen zukommen, die ernsthaft, das heisst im Sinne des Heiligen Geistes,

22

anhand biblischer Aussagen erworben worden waren. Damit war das Problem einer sinnvollen Interpretation biblischer Texte aber nur theoretisch gelöst. In der Bibel steht vieles, und jeder kann sich im Besitz des Heiligen Geistes wähnen.

Christliche Aussagen, abstrakt verstanden

Eines hat die Reformation nicht geleistet. Sie hat den christlichen Glauben nicht von esoterischen Vorstellungen befreit. Immerhin können wir in einigen dieser Auffassungen Wahrheiten im übertragenen Sinne erkennen. Jesus als Gottes Sohn? Jesus, der uns von den Sünden erlöst hat? Jesus, der Messias, der König der Welt? Jesus, der wahre Weg? Und wie steht es mit dem Heiligen Geist?

Selbstverständlich war Jesus der Sohn eines Mannes aus Fleisch und Blut. Etwas anderes hat er in seinen eigenen Worten auch nie von sich behauptet. Die wunderschönen Bilder in Matthäus' Weihnachtsgeschichte werden in den anderen Evangelien nicht einmal erwähnt. Trotzdem können wir Jesus als Sohn Gottes bezeichnen. Mit „Sohn" bezeichnete man damals nicht nur leibliche Nachkommen. Auch jüdische Könige galten zum Beispiel als Söhne Gottes. Dank seinen Worten und seinem Wirken hat Jesus die Bezeichnung „Sohn Gottes" verdient! – Jesus, der uns von unseren Sünden erlöst? Wir alle sind Sünder. Wir müssen uns einen Platz in der menschlichen Gemeinschaft erkämpfen. Konflikten mit anderen Menschen können wir daher nicht immer aus dem Weg gehen. Aber wir können verzeihen. Indem wir Fehler zu vermeiden suchen und immer die

Bereitschaft zeigen, auch unseren Mitmenschen deren Fehler zu vergeben, überwinden wir die eigene Sündhaftigkeit. – Jesus als Messias? Hat Jesus nicht den Weg zu einer für alle Menschen guten Welt gezeigt? Wenn wir ihn gehen, tun wir das für uns Beste, was wir tun können. Aus eigenem Interesse gehorchen wir ihm als unserem König. – Wenn Jesus – oder die Bibel – sagt: „Ich bin der Weg ...", dann bedeutet dies ebenfalls eine Wahrheit. Denn ohne den Weg zu gehen, den Jesus gewiesen hat, werden wir keine bessere Welt schaffen. – Heiliger Geist? Wir zeigen Heiligen Geist, indem wir ehrlich nach dem Guten streben. Dann ist auch Gott mit uns!

Noch ein Wort zu zwei Auffassungen, die in unserem Glauben eine weite Verbreitung gefunden haben: Während drei Jahren war ich in Westborneo als Mitarbeiter einer einheimischen Kirche tätig. Für manchen Pfarrer in Indonesien bedeutet der in der katholischen Kirche gelehrte Glaube an den Mensch gewordenen Gott ein Problem. Mit Hinweis auf diese Auffassung kritisieren die Muslime (etwa 90 Prozent der Indonesier!) den christlichen Glauben, denn sie sehen darin eine Abweichung vom reinen Monotheismus. Die Vorstellung von Jesus als leiblichem Sohn Gottes, auch im evangelischen Glauben verbreitet, ist für sie ebenfalls absurd. Ich verstehe die Muslime. Mit Ansichten, die auch ich nicht vertreten kann, schaden wir unserem Glauben!

3 Zur Bibel

Ich sage es offen: Als kritischer Mensch glaube ich nichts, nur weil es in einem Buch steht, und sei dieses Buch auch die Bibel. Mir dieser Aussage werde ich manchen anderen Christen keine Freude machen. Und doch: Eine kritische Betrachtung des Inhalts der biblischen Schriften ist nötig. Denn was wir in der Bibel lesen, widerspricht nicht nur oft verlässlichem Wissen, sondern manchmal auch dem christlichen Glauben selbst.

In der Bibel finden wir die Grundlage unseres Glaubens. Sagt sie tatsächlich immer die Wahrheit, wie es viele glauben? Was sagen die verschiedenen Texte eigentlich aus? Wir kommen nicht darum herum, nach ihrem Sinn zu suchen. Die heutige Theologie tut es ernsthaft. Zwangsläufig tut sie es auch kritisch. Widersprüche sowohl zum heutigen Weltbild als auch zwischen den Texten selbst und das Bemühen um Wissenschaftlichkeit verlangen es.

Die Bibel ist ein sonderbares Buch. Sie ist kein grosses literarisches Werk! Das muss sie auch nicht sein. Viele haben daran gearbeitet. Manche Texte des Alten Testaments können wir nicht als Berichte über reale Ereignisse auffassen. Einige als wichtig betrachtete Erzählungen stammen sogar, wie schon erwähnt, aus nichtjüdischen Kulturen. Gewisse Texte widersprechen auch einer christlichen Auffassung. Aussagen des Neuen Testaments können wir ebenfalls nicht einfach als wahr betrachten. Die Evangelien stellen die Auffassungen der Evangelisten dar. Vieles wurde offensichtlich ausgeschmückt. Uns Christen gilt die Bibel als Heilige Schrift. Zu Recht? Soll ich alles glauben? Was soll ich glauben? Soll ich überhaupt etwas glauben?

In den Augen mancher fundamentalistischen Gemeinschaften berichten alle biblischen Texte über reale Ereignisse. Ich kann diese Auffassung nicht verstehen. Selbstverständlich hat Gott die Welt nicht in sechs Tagen geschaffen. Die Geschichte von Noah und der Sintflut mag auf ein reales Ereignis zurückgehen, das aber so, wie berichtet, nicht stattgefunden haben kann. Woher hätte all das Wasser kommen sollen? Die Frage realer Wahrheit stellt sich auch bei gewissen Aussagen des Neuen Testaments. Der beim Abendmahl ausgeschenkte Wein verwandelt sich selbstverständlich nicht in dem Sinne in Blut, dass es uns möglich würde, Jesus' Blutgruppe zu bestimmen.

Dazu ein kleiner Bericht: Vier Kinder stritten über den Vogel, den Noah als ersten von der Arche hatte wegfliegen lassen, um zu sehen, ob die Erde irgendwo schon trocken sei. Die Kinder hatten davon im Religionsunterricht gehört. War es eine Taube oder eine Eule? Der Grossvater sprach ein Machtwort. „Ich sage es euch: Einen Noah und eine Sintflut hat es, so wie es in der Bibel steht, nie gegeben!" Ende der Diskussion. Die Kinder akzeptierten die Worte des Grossvaters. Er war schliesslich Pfarrer.

Manchmal staune ich. An einer Zusammenkunft – es ging um Erinnerungen an Wanderferien – rede ich mit einem mir fremden Mann. Wir verstehen uns gut. Doch da berichtet er von seinen Eindrücken. Bei seinen kürzlichen Wanderungen hätte er die Gelegenheit gehabt, den Berg Ararat zu besteigen. Es sei für ihn ein grossartiges Erlebnis gewesen, auf dem Berg zu stehen, auf dem einst Noah – nach seiner Auffassung real – mit der Arche gelandet sei. – Ein erwachsener Mensch betrachtet die Sintflut, so wie sie in der Bibel beschrieben ist, als geschichtliches Ereignis! Ich war sprachlos.

Vermutlich ging es den Verfassern biblischer Texte oft gar nicht um geschichtliche Wahrheit. Manche Geschichten wurden wohl geschrieben, um zum Denken über allgemeine menschliche Probleme anzuregen. Betrachten wir die Geschichte der Vertreibung aus dem Paradies. Als Bericht über ein reales Ereignis können wir sie nicht ansehen. Ändern wir ein einziges Wort. Machen wir aus der einen Frucht, mit der Eva Adam verführte, zwei Früchte. Dieser kleine Unterschied verhilft uns tatsächlich zu einer wesentlichen Einsicht in unser menschliches Wesen. Allein der Anblick einer Frau, zum Beispiel ihrer zwei Brüste, verführt den jungen Mann. Er will neue Erfahrungen machen, wird schliesslich eine Familie gründen und Verantwortung übernehmen müssen. Das Leben wird von ihm Arbeit verlangen. Schluss mit dem kindlichen Paradies! – Auch andere Bibelstellen können bemerkenswerte Aussagen enthalten, ohne dass wir ihnen geschichtliche Wahrheit zuweisen. Versuchen wir, die Texte mit dem Herzen zu lesen!

Zum Alten Testament
Das Alte Testament ist die Heilige Schrift der Juden. Es zeigt die Entwicklung des jüdischen Glaubens und enthält die

grundlegenden religiösen Forderungen an das jüdische Volk. Wir finden in den biblischen Texten manch Gutes. Allgemein bekannt sind die Zehn Gebote. Gott soll Moses eine Tafel mit diesen Forderungen übergeben haben. Sie sagen uns, was gut und was schlecht sein soll. Auch für uns Christen gilt es als Pflicht, diese Gesetze zu beachten. Es sind wohl vor allem die Zehn Gebote, die uns zum falschen Schluss führen, jede Religion enthalte in erster Linie eine Anleitung zum guten Handeln. Wir finden in der Bibel auch Aussagen, die man im Religionsunterricht nicht erwähnt. Oder hat man Ihnen berichtet, dass Moses, der Gottesmann, an einem besiegten Volk einen eigentlichen Völkermord angeordnet hat (4. Buch Moses, Kapitel 31)? Solches steht ebenfalls in der Bibel! Oft ist von Mord und Totschlag die Rede. Entsprechende Berichte müssen wir allerdings jeweils in den geschichtlichen Zusammenhang stellen. In den alten Zeiten – und leider oft auch heute noch – gingen und gehen die Menschen sehr unfreundlich miteinander um. Zwar fordert schon das Alte Testament gegenüber anderen Juden Nächstenliebe. Trotzdem müssen wir manches, was der alttestamentliche Gott gutgeheissen hat, als Christen klar ablehnen. Der Gott, an den die Israeliten ursprünglich geglaubt haben, zeigt aus heutiger Sicht auch teuflische Seiten.

Übrigens: Das Alte Testament verbietet weder das Verprügeln der eigenen Frau und der Kinder noch irgendwelchen sexuellen Missbrauch. Vielleicht ist das eine Kleinigkeit. Aber wie kann Moses, wie erwähnt, selbst einen

Völkermord anordnen? Es steht doch klar in den Zehn Geboten, dass töten verboten ist! Da stimmt doch etwas nicht!

Die Schriften der Bibel gehen auf verschiedene Autoren und verschiedene Zeiten zurück. Die Texte enthalten oft die persönliche Auffassung des Verfassers und sind geprägt von der jeweiligen Weltsicht. Kenntnis des damaligen Denkens kann uns helfen, den Inhalt der verschiedenen Bücher besser zu verstehen. Das gilt auch für die Worte von Jesus.

Das Neue Testament

Die Ursprache des Neuen Testaments ist Griechisch. Den wesentlichsten Teil bilden die vier Evangelien. Sie zeigen Unterschiede. Offensichtlich enthalten sie jeweils die Sicht des Evangelisten auf den neu entstandenen christlichen Glauben. Die drei ersten – Matthäus, Markus und Lukas – haben gemeinsame Wurzeln. Das älteste Evangelium ist jenes von Markus. Es muss um das Jahr 70 nach Christus entstanden sein, jene von Matthäus und Lukas etwa 20 Jahre später. Matthäus und Lukas hatten beim Schreiben das Markus-Evangelium vor sich liegen, daneben noch ein weiteres Buch, das nicht mehr erhalten ist und Worte und Gleichnisse von Jesus enthalten hat. Es lässt sich wissenschaftlich rekonstruieren; die Neutestamentler nennen es „Logienquelle" (Spruchquelle). Sowohl Matthäus als auch Lukas haben aus beiden Büchern abgeschrieben, was sich anhand des griechischen Originaltextes leicht zeigen lässt. Sie haben auch eigene Texte beigefügt. Das vierte Evangelium, das Johannes-Evangelium, ist später in einer ganz anderen geistigen und geografischen Umgebung entstanden.

Es bestehen noch weitere Schriften zu Jesus. Sie haben aber keine Aufnahme in die Bibel gefunden.

Wesentlich älter als die Evangelien sind einige Briefe von Paulus. Paulus hat Jesus nicht mehr persönlich kennengelernt. Er kannte aber seine Jünger in Jerusalem. Jesus' Tod unter dem Statthalter Pilatus müssen wir als geschichtliches Ereignis betrachten. Es ist in den Evangelien auch recht gut und detailliert beschrieben.

Viele der in den Evangelien Jesus zugeschriebenen Aussagen kann Jesus nicht oder jedenfalls nicht in der erwähnten Form gemacht haben. Das zeigen die Forschungsarbeiten der Theologen. Wir befinden uns mit unseren Ansichten auf der sicheren Seite, wenn wir all jene Aussagen Jesus zuschreiben, mit denen er sich gegen damals verbreitete Auffassungen und Gewohnheiten gerichtet hat.

Verschiedene in christlichen Gemeinschaften als wesentlich betrachtete Glaubensinhalte sind nicht biblischen Ursprungs. Die oft als zentral verstandene Aussage, Jesus sei in der Absicht gestorben, uns mit seinem Tod von Sünde zu erlösen, lässt sich anhand der biblischen Texte nur schlecht begründen. Die Lehre von der Dreieinigkeit – Gottvater, Sohn und Heiliger Geist – ist, wie schon erwähnt, eine spätere Erfindung. Dasselbe gilt unter anderem auch für die Sakramente der katholischen Kirche.

Nicht alle Christen, vor allem auch nicht alle Gemeinschaften, die sich als besonders strenggläubig bezeichnen, glauben alles, was in der Bibel steht. Auch Angehörige solcher Gruppen greifen sich dasjenige heraus, was ihnen zur Begründung der eigenen Meinung nötig scheint. Oft geben sie sich sehr bibelkundig. Da kaum ein Mensch die Bibel als Ganze aufmerksam gelesen hat, können sie leicht ihre Meinung mit Bibelsprüchen untermauern, ohne dass der andere, von ihren Argumenten überfahren, etwas einwenden kann. Um Widersprüchen zwischen dem Wortlaut biblischer Texte und der eigenen Auffassung aus dem Wege zu gehen, lehnen diese „Rechtgläubigen" oft ein systematisches Befassen mit biblischen Texten ab.

Meine eigene Auffassung

Man *darf* glauben. Wenn Angehörige einer christlichen Gemeinschaft Berichte als geschichtliche Wahrheiten ansehen wollen, die dem heutigen Weltbild widersprechen, dann sollen sie es tun. Doch in einem bin ich hart: *Niemals soll sich in meinen Augen Christ nennen, wer die Forderungen an das Verhalten gegenüber den Mitmenschen nicht als zentralen Inhalt unseres Glaubens betrachtet.*

4 Der Mensch Jesus

Wer war Jesus? Was wollte und was lehrte er? Seine grosse Leistung habe ich bereits im ersten Kapitel erwähnt. Er hat in den religiösen Gesetzen seines Volkes nach einem Sinn gesucht. Er hat zum Beispiel seinen Jüngern am Sabbat erlaubt, Ähren zum eigenen Genuss zu pflücken und damit gegen die strengen Sabbatregeln zu verstossen. Zwar hat er seinen jüdischen Glauben nicht in Frage gestellt. Aber er hat den religiösen Gesetzen eine neue Bedeutung gegeben. *Der Sinn, das Gute an jeder Handlung, liegt immer in der Absicht, etwas für den Mitmenschen zu tun.* Im Weiteren hat er den Wert aller Menschen, auch jenen der Andersgläubigen, dem eigenen gleichgesetzt. Mit seiner Auffassung über die Bedeutung eines Glaubens hat er eine neue Entwicklung eingeleitet. Wir werden Christen, wenn für uns diese Grundsätze über allem stehen, was wir tun und denken.

Jesus' Leben
Unser Wissen über Jesus stammt vor allem aus den Evangelien. Wir müssen davon ausgehen, dass diese Berichte keine rein objektive Sicht seines Lebens zeigen. Sie wurden längere Zeit nach seinem Tod geschrieben und enthalten offensichtlich jeweils die persönliche Sicht des Evangelisten. Manche Aussagen können wir daher kaum dem geschichtlichen Jesus zuschreiben. Begeistert von vielen seiner Worte haben ihn die ersten Christen zu einer Gestalt gemacht, die er vielleicht gar nicht sein wollte. Das betrifft vor allem auch die Auffassung von seiner vermeintlichen Göttlichkeit.

Über Jesus' Leben wissen wir wenig. An seiner realen Existenz können wir allerdings nicht zweifeln. Laut den Evangelien wurde er unter der Herrschaft von Herodes dem Ersten geboren, also vor dessen Tod im Jahre 4 vor unserer Zeit. Über seine Jugend liegen kaum Angaben vor. Gemäss Darstellung seiner Geburt im Matthäus-Evangelium war er nicht der leibliche Sohn seines gesetzlichen Vaters. Ein Fehltritt seiner Mutter Maria? Für die damalige Zeit wäre das wohl ein schlimmer Makel gewesen! Von Beruf war er Baufachmann. Er sprach die Sprache der damaligen Zeit: Aramäisch. Als gewiss können wir seinen Tod am Kreuz betrachten. Er wurde vom römischen Statthalter Pilatus oder jedenfalls mit dessen Einverständnis zum Tod verurteilt und nach damaliger allgemeiner Unsitte grausam hingerichtet.

Recht klar und weitgehend einheitlich schildern die Evangelien die Umstände seines Todes. Gemäss Johannes-Evangelium wurde er etwa um Mitternacht von römischen Soldaten gefangen genommen, dann zum Tod verurteilt und ausgepeitscht. Am nächsten Morgen hing er schon um etwa neun Uhr am Kreuz. Zeit für längere Verhandlungen gab es nicht, keine Zeit jedenfalls für Juden, die gerufen haben sollen: „Tötet ihn!" Er starb am selben Tag, bevor man, um seinen Tod zu beschleunigen, seine Beine brechen musste. Dass sich gewisse jüdische Kreise über seinen Tod freuten, ist wahrscheinlich. Sind aber Juden für seinen Tod verantwortlich? Wahrscheinlicher scheint mir die Auffassung, dass ihn die Römer selbst im aufgeheizten Klima des Passahfestes mit seinen zahlreichen jüdischen Pilgern in

Jerusalem als möglichen Anführer einer Revolution betrachtet und hingerichtet haben.

War Jesus göttlich?

Die Vorstellung von Jesus als dem Mensch gewordenen Gott ist in verschiedenen christlichen Glaubensrichtungen stark verwurzelt. Sogar in einer liberalen Zeitung der Zwingli-Stadt Zürich las ich, das Wesentliche am Christentum sei der Glaube an den Mensch gewordenen Gott. Sonderbar: In der Bibel, die uns doch heilig sein sollte, finde ich diese Aussage nicht! Ihre Grundlage wurde, wie schon erwähnt, erst viel später, am Konzil zu Nicäa, gelegt.

War Jesus aber der leibliche Sohn Gottes? Dies lesen wir tatsächlich in der Bibel, bei Matthäus. Und doch mutet mich Matthäus' Weihnachtsgeschichte ebenfalls sonderbar an. Warum berichten die anderen Evangelisten nichts über Jesus' Geburt? Und warum hat sich Jesus selbst in eigenen, glaubhaften Aussagen nie als leiblichen Sohn Gottes bezeichnet? An Jesus' übernatürliche Zeugung kann ich nicht glauben. Hätte er von sich so etwas gesagt, wäre ich nicht Christ! Für mich war Jesus ein ganz gewöhnlicher Mensch, der sich auch geirrt haben darf. Aber gerade weil er ein Mensch war wie ich auch, ist er für mich Vorbild. Übrigens: Der Ausdruck „Sohn Gottes" wurde unter den Juden auch für Menschen verwendet, zum Beispiel, wie schon erwähnt, für die jüdischen Könige.

Was glaubte Jesus?

Jesus war Jude und er hat sein Judentum nie infrage gestellt. Er war ein Kind seiner Zeit. Er glaubte vieles, was man damals eben glaubte. Dass er einen neuen Glauben begründen wollte, davon wissen wir nichts. Seine Beziehung zu Gott war innig. Im Gebet nannte er ihn nicht Vater. Er benützte die Koseform (in heutiger, deutscher Sprache vielleicht „Papa"). Sein jüdischer Glaube bedeutete ihm viel. Er wollte daran nichts ändern. Über die Bedeutung der religiösen Vorschriften machte er sich aber seine eigenen Gedanken.

An eines glaubte Jesus dagegen: Er war überzeugt von der baldigen Ankunft einer neuen Welt und einer *körperlichen* Auferstehung jener Menschen, die am Jüngsten Gericht vor Gott bestehen können. War dieser Glaube sogar der Antrieb, alle Menschen zur Umkehr ihres Verhaltens aufzufordern? Ich weiss es nicht. Allerdings war der Glaube an ein Jüngstes Gericht und eine neue Welt nicht seine eigene Erfindung. Viele andere Juden glaubten dasselbe auch. Jesus' Nachfolger übernahmen diesen Glauben ebenfalls und machten ihn zu einem wichtigen Teil seiner Lehre. Doch offensichtlich hat sich Jesus geirrt. Das jüngste Gericht kam nicht. Wir warten jetzt schon 2000 Jahre! Heute versucht die theologische Wissenschaft, dem Glauben und den Absichten des Menschen Jesus auf den Grund zu gehen. Was wollte Jesus wirklich sagen und was hat er Neues in die Welt gebracht? Sie vergleicht seine Worte mit dem damaligen geistigen Umfeld. Oft entsprachen seine Aussagen verbreiteten religiösen Auffassungen nicht! Die heutige

Theologie betrachtet auch die Evangelien kritisch, denn, wie wir annehmen müssen, sind sie stark von den persönlichen Auffassungen ihrer Autoren geprägt. Die Briefe von Paulus enthalten ebenfalls dessen eigene Sicht. Die Unterschiede zwischen den verschiedenen Schriften zeigen, dass sich schon die ersten Christen ihr eigenes Bild von Jesus gemacht haben, ein Bild, das ihm wohl nicht immer gerecht wird.

Hielt sich Jesus für den prophezeiten Messias, den König der Juden und Herrn über eine neue und gute Welt? Die ersten Christen glaubten es. Daher wohl der Name „Christen". Keines seiner eigenen Worte in der Bibel deutet aber darauf hin. Oder hielt er sich für den ebenfalls prophezeiten Menschensohn? Auch dieser Ausdruck stammt aus dem Alten Testament. Gemeint ist unter anderem ein Gesandter Gottes, der an der Erstellung einer neuen Welt mitarbeitet. Jesus verwendet diesen Ausdruck in mehreren Aussagen. Meint er damit jeweils seine eigene Person? Dass er die Menschen mit seinen Worten auf das Leben in einer neuen Welt vorbereiten wollte, lässt sich tatsächlich kaum bezweifeln! Allgemein verbreitetet ist schliesslich die Auffassung, Jesus hätte sich bewusst zur Vergebung unserer Sünden am Kreuz geopfert. Zur Begründung dieser Meinung finden wir in der Bibel keine hinreichend glaubhaften Hinweise.

Was hat Jesus gelehrt?
Die wichtigste und auch bekannteste Forderung von Jesus ist jene nach Gottes- und Mitmenschenliebe. Sie ist nicht seine eigene Erfindung. Wir finden sie schon im Alten

Testament. Das Neue: In ihr sieht er das Wesentliche des Glaubens. Um sie muss es in erster Linie gehen. Sie soll aber gegenüber allen Menschen gelten, nicht nur gegenüber anderen Juden. Die Bibel spricht von „Feindesliebe", wobei Jesus offenbar unter „Feinden" die Andersgläubigen, die Nicht-Juden, im Auge hatte. Damit zeigte er auch Offenheit gegenüber Menschen anderer Völker. Mit seinen Forderungen erfand Jesus altruistisches Handeln als das Wesentliche eines Glaubens. „Was du für deinen Mitmenschen tust, tust du für Gott." Schätze bei Gott erwerben wir mit Handlungen zugunsten unserer Nächsten. Wir sollen Gott und nicht zum Beispiel dem Geld dienen! Für wertlos hält er blosses religiöses Getue.

Als in jeder Beziehung vollwertige Personen betrachtete Jesus die Frauen. Seine strenge Ansicht über die Scheidung ist aus dieser Sicht zu verstehen. Nach jüdischem Recht durfte sich eine Frau nie aus eigenem Wunsch von einem Mann trennen. Ein Mann hatte dagegen das Recht, seine Ehe unter Einhaltung gewisser Vorschriften ohne Einverständnis der Frau aufzulösen.

Eines von Jesus' zentralen Anliegen war die Verzeihung der Sünden. „Vergib uns unsere Schuld, wie auch wir jedem verzeihen, der uns Unrecht getan hat." Für mich ist diese Forderung leicht zu verstehen: Wir alle sind tatsächlich Sünder, wenn wir als Sünde eine Handlung betrachten, mit der wir anderen Menschen schaden. Wir müssen uns ja durchsetzen, um einen Platz in der Gemeinschaft einzunehmen. Konflikte lassen sich daher nicht immer vermeiden.

Gott verzeiht uns, denn er liebt uns alle. In gleicher Weise müssen wir aber ebenfalls jenen verzeihen, die uns Schaden zugefügt haben. Und selbstverständlich müssen wir uns immer bemühen, die Interessen der Mitmenschen den eigenen gleichzusetzen. So verstehe ich das Gebot der Nächstenliebe.

„Wenn dich einer auf die rechte Backe schlägt, dann halte ihm auch die linke hin. Wenn jemand mit dir um dein Hemd prozessieren will, dann gib ihm noch die Jacke dazu. Und wenn einer dich zwingt, ein Stück weit mit ihm zu gehen, dann gehe mit ihm doppelt so weit." Eine Wahrheit! Es ist viel vernünftiger nachzugeben als einen schlimmen Streit zu riskieren. Es darf nicht darum gehen, auf vermeintliche Verletzungen der eigenen Interessen mit Vergeltung zu antworten, auch nicht, sich selbst zu ernst zu nehmen. Zwar anerkannten auch die Juden eine Begrenzung der Rache. Es gilt Aug' um Auge, Zahn um Zahn. Einem Menschen, der einem anderen ein Auge ausgeschlagen hat, darf ebenfalls ein Auge ausgeschlagen werden. Eine höhere Strafe darf es aber nicht geben! Jesus verlangte demgegenüber, auf Rache überhaupt zu verzichten.

Müssen wir vollkommen sein? Stellt Jesus an uns unerfüllbare Forderungen? Oder meint er, dass wir ohnehin sündhaft sind und daher für die schlechten Handlungen anderer Menschen Verständnis zeigen und ihnen verzeihen sollen? Fehlerfrei sind wir offensichtlich nicht. Wir alle haben unsere Fehler. Jesus kann daher von uns auch nicht Vollkommenheit verlangt haben. Er konnte von uns nur das

Bemühen erwarten, nach Gottes Wille zu leben. Mit seinem Gleichnis vom verlorenen Sohn zeigt er sehr deutlich, wie er sich zu unserer Sündhaftigkeit stellt.

Wie verhält es sich mit den Wundern, die in den Evangelien eine zentrale Rolle spielen? Ich glaube nicht an Wunder. Um blosse Erfindungen der Evangelisten kann es sich aber ebenfalls nicht handeln. Ein realer Hintergrund muss bestehen! Jesus war Geisteraustreiber. Eine medizinische Wissenschaft gab es damals noch kaum. Kranke Menschen betrachtete man oft als von Dämonen besessen. In seiner Funktion als Heiler war Jesus offensichtlich sehr erfolgreich. Er muss überzeugend gesprochen haben. Vermutlich war er auch ein geschickter Psychologe, der jeweils die Hintergründe einer vermeintlichen Behinderung erahnte.

Eines war Jesus sicher nicht: Er war kein verschlossener, nur für seinen Glauben lebender Mensch. Er war lebensfroh und kontaktfreudig. Fröhlichen Festen ging er nicht aus dem Weg. Die Bibel bestätigt es. Ich sehe ihn als eine zugängliche, unkomplizierte Person. Wir erkennen in seinen Worten einen für alle Menschen offenen Glauben, offen auch für jene, die mit dem Wort „Gott" wenig anfangen können.

Jesus hat uns alle so angenommen, wie wir sind. Er unterschied nicht zwischen guten und schlechten Menschen. Er akzeptierte auch Arme, Verachtete und Menschen fremden Glaubens. Für ihn galt: „Gott liebt uns alle gleich."

Mit seiner Auffassung hat Jesus dem Glauben eine neue Bedeu-tung gegeben. Er kritisierte die absolute Geltung, die strenggläu-bige Juden den jüdischen Vorschriften zuwiesen. Er wollte hinter den Gesetzen einen Sinn sehen. Religion muss dem Menschen die-nen! Man kann auch sagen: „Handeln für Gott und Dienst am Mitmenschen ist dasselbe."

5 Wissen und Glauben

Wir wissen und wir glauben. Wir *müssen* wissen und wir *müssen* glauben. Aber ohne den Unterschied zwischen Wissen und Glauben zu kennen, können wir uns keine zutreffende Meinung zur Bedeutung einer Religion bilden. Das gilt auch für das Verständnis der folgenden Kapitel. Ich will hier daher näher auf diese beiden Begriffe eingehen.

Zum Wissen

Es gebe kein Wissen, hört man oft. Selbstverständlich gibt es Wissen. Wollen Sie behaupten, Ihr Wohnort und Ihre Familie seien alles nur Einbildung? Wieso sorgen Sie dann für die Ihren, wenn Sie sie doch nur erfinden? Nein, wir wissen sehr vieles. Wir *müssen* vieles wissen, um überhaupt lebenstüchtig zu sein. Wir benötigen viel Wissen über die Welt, in der wir leben, zum Beispiel über unseren Wohnort. Wir müssen uns orientieren können! Die Alltagserfahrung bestätigt es: Auch wenn wir uns gelegentlich täuschen, ist Information, auf die wir uns verlassen können, möglich. Zusätzlich zur alltäglichen Erfahrung stellt uns vor allem die Wissenschaft viel weiteres Wissen zur Verfügung.

Woher denn die oft gehörte Aussage, es gebe kein Wissen? Ein Grund kann sein, dass sich Sachverhalte in der empirisch wahrgenommenen Welt tatsächlich nie als wahr beweisen lassen. All unser Erleben könnte ja nur Traum sein! In der forschenden Wissenschaft beweisen wir daher nicht. Doch leicht kann eine Information eine Sicherheit gewinnen, die uns erlaubt, die Existenz eines Sachverhalts als verlässlich zu betrachten. Wir können den Sachverhalt dann zu Recht als wirklich, die entsprechende Information als wahr bezeichnen. Mit anderen Worten: Es gibt eine Wirklichkeit und wir können sie erkennen!

Kein Wissen gibt es dagegen in Glaubensfragen. Existieren Dinge, die menschlichem Wissen nie zugänglich sein werden? Wir wissen es nicht. Das heisst, wir wissen nicht, ob es sie gibt. Wir wissen aber auch nicht, dass es sie nicht geben kann. Weil es um Dinge geht, über die wir nichts wissen können, dürfen wir immer glauben. Wir dürfen nur Glaube nie mit Wissen verwechseln. Wissen steht über dem Glauben, denn wenn wir etwas schon wissen, dürfen wir nicht mehr etwas anderes glauben! Allerdings stellt sich uns die Frage: Wissen wir wirklich, wenn wir zu wissen glauben?

Was ist Wissen? Wie erwerben wir Wissen?
Für den interessierten Leser sei hier der Weg, wie wir zu Wissen gelangen, näher dargestellt. Um Information zu erwerben, beobachten wir. Was beobachten wir eigentlich? Mit dieser einfachen Frage hat sich die Wissenschaft noch kaum befasst. Wir beobachten nicht in erster Linie mit Sinnen eine Welt. Wir beobachten uns selbst, das heisst, unsere immer gegenwärtigen, eigenen Eindrücke. Sie sind uns gewiss. Auf alles Weitere müssen wir dagegen schliessen. Wir schliessen auf eine Welt, die an sich besteht, die es auch gibt, ohne dass sie beobachtet wird, und wir schliessen auf unseren Körper mit seinen Sinnen. Sogar auf unsere Erinnerungen als früheres Erleben müssen wir schliessen! All unser Wissen stammt also aus unseren Eindrücken. Wie kommen sie zustande? Heute wissen wir es, dank der Forschung. Die Eindrücke selbst zeigen uns, wie sie entstehen. Aber auch auf dieses Wissen müssen wir schliessen!

Obschon wir keine Aussage über eine Welt als wahr beweisen können, ist es sinnvoll, von „Wahrheit" zu reden. Was aber ist Wahrheit, wie kommen wir zu Information, auf die wir uns verlassen können, die niemand mehr ernsthaft infrage stellen kann? Das Prinzip ist einfach. Unsere Eindrücke zeigen eine Struktur. Wir finden Regeln, denen diese Struktur gehorcht. So folgt zum Beispiel immer aus den Eindrücken über einen bestimmten Weg die Gewissheit: Hier wohnen wir. Wir können alle Regeln – es sind sehr viele! – in einem riesigen, widerspruchsfreien Netz zusammenfassen. In diesem Netz stützen sich die einzelnen Erfahrungen gegenseitig. Indem sie sich stützen, gewinnen sie an Verlässlichkeit. Manche Information lässt sich schliesslich derart gut belegen, dass für Zweifel kein Platz mehr besteht. Verlässliche Erfahrung zeigt uns, dass wir in einer Welt leben, die an sich besteht, die es auch gibt, ohne dass sie beobachtet wird. Ebenso zeigt uns verlässliche Erfahrung, dass wir, an einen Körper mit Sinnen gebunden, diese Welt beobachten. Dank unserer Erfahrung haben wir uns sogar zum oft allzu lebenstüchtigen Wesen entwickelt!

Ein Beispiel zur Begründung von Wissen: Einsteins berühmteste Formel lautet: „Energie gleich Masse mal Lichtgeschwindigkeit im Quadrat." Können wir an der Wahrheit dieser Formel noch zweifeln, seit Atombomben explodiert sind und wir in Kernkraftwerken mit Hilfe der Kernspaltung elektrische Energie erzeugen? Versuchen Sie selbst zu begründen, weshalb wir zum Beispiel die unabhängige Existenz einer Welt und jene unseres Körpers als Wahrheiten betrachten müssen, obschon wir diese Wahrheiten nicht beweisen können!

Ein eindeutiges Kriterium für die Wahrheit einer Aussage gibt es allerdings nicht. Ein solches kann es auch nicht geben. Täuschungen sind ja, theoretisch gesehen, immer möglich. Dank unserer natürlichen Anlagen sind wir aber imstande, weitgehend richtig zwischen Wissen und Glauben zu unterscheiden. Das heisst, wir wären dazu imstande, wenn wir auch unterscheiden wollten! Für den Alltag genügt in der Regel unsere Fähigkeit.

Selbstverständlich gibt es Aussagen, die noch nicht hinreichend bestätigt sind, um als verlässlich angesehen zu werden. In solchen Fällen sprechen wir von Hypothesen. Manches ist uns auch unbekannt, weil wir es noch gar nicht erforscht haben oder weil es in unseren Eindrücken keine Spur hinterlässt.

Vor ein anderes Problem stellt uns der mögliche Bereich des Wissens. Manche Menschen glauben, dass wir eines Tages alles wissen werden und dass uns keine Information über Eigenschaften der Welt verborgen bleiben wird. Diesen Glauben teile ich nicht. Einerseits haben wir keine Ahnung, wie man das Wichtigste überhaupt, uns selbst, das eigene Erleben, anhand von irgendwelchem Wissen über Gehirnvorgänge erklären könnte (siehe auch Kapitel 7). Anderseits hat die Natur unser Gehirn zur Bewältigung der Alltagsprobleme geschaffen. Wir können, was wir können müssen. Mancher Sachverhalt wird uns vermutlich einfach deshalb verborgen bleiben, weil unser Verstand gar nicht in der Lage ist, ihn zu begreifen. Vieles mag uns auch verborgen bleiben, weil es in unserem Erleben keine Spur hinterlässt. Ohne eine solche Spur können wir keinen Sachverhalt als wirklich existierend betrachten.

Andere Aussagen gehören in die geistige Welt. Sie sagen über Eigenschaften der uns vorgegebenen Welt natürlich nichts aus. Romane berichten zum Beispiel nicht über reale Ereignisse. Nicht wahrheitsfähig sind selbstverständlich auch subjektive Wertungen, etwa die Aussage: „Es ist falsch, zu schnell zu fahren." Wahrheitsfähig wäre etwa die Aussage: „Ich halte es für falsch, zu schnell zu fahren".

Eine kurze Bemerkung zur Mathematik: Mathematik müssen wir als ein System strenger Regeln betrachten, das wir – wohl mit

46

gütiger Mithilfe der Natur – aufgestellt haben, um die Welt quantitativ zu erfassen. Dank strengen Regeln können wir beweisen. Beweise bestehen im Nachweis, dass eine Folgerung zwangsläufig aus den (von uns selbst aufgestellten) Regeln folgt. Über Eigenschaften der Welt sagt die Mathematik, die wir als blosses Regelsystem betrachten müssen, nichts aus.

Zum Glauben

Dem Wissen gegenüber steht das Glauben. Was wir glauben, ist nie Wissen, sonst würden wir nicht glauben! Es gibt Wissen. Aber Wissen bedeutet, dank hinreichender Begründung die Wahrheit einer Aussage zu kennen. Glauben bedeutet, Wahrheit nur anzunehmen. Wir alle glauben. Die Natur hat uns so gemacht. Wir glauben alles Mögliche, und nicht immer ist klug, was wir glauben. Kaum eine Zeitschrift ohne Horoskope!

Oft trifft nicht zu, was wir glauben, was wir also bloss *für wahr halten*. Wir alle machen diese Erfahrung häufig. Wir *müssen* aber glauben. Denn ohne unsere Eigenschaft zu glauben wäre eine Gemeinschaft weder lebens- noch handlungsfähig. Denn einen grossen Teil unseres Wissens, das wir für unser Leben brauchen, haben wir nicht selbst erworben. Dank unserer Eigenschaft zu glauben verlassen wir uns auf manche Information aus fremden Quellen.

Natürlich sollten wir die Verlässlichkeit fremder Information beurteilen können. Das mag schwierig sein. Doch nicht diese Schwierigkeit ist unser Problem: Wir müssen die Verlässlichkeit auch beurteilen wollen! Das tun wir oft nicht. Manche Aussagen übernehmen wir, ohne uns Gedanken über ihren Wahrheitsgehalt anzustellen. Insbesondere bestimmen auch die eigenen Interessen und Vorstellungen unser Urteil über fremde Information.

Es ist eine gut bestätigte, psychologische Erkenntnis, deren Wahrheit heute nicht mehr in Frage gestellt werden kann: Menschen orientieren sich stark an den in ihrer Gemeinschaft vorherrschenden Auffassungen. Das gilt auch für die Einschätzung der Wahrheit von Sachverhalten oder des moralischen Wertes von Handlungsweisen. Als wahr oder für gut halten wir meistens dasjenige, was allgemein als wahr und für gut angesehen wird. Wir hinterfragen diese Einschätzungen meistens nicht.

Gelegentlich werden wir betrogen, weil wir zu rasch glauben und weil wir möglichen Täuschungen gegenüber zu wenig kritisch sind. Wir möchten Gutes tun. Ist aber wirklich gut, was wir um des Guten willen machen? Ein Beispiel mit wahrem Hintergrund: In der Grossstadt eines Landes mit noch vielen armen Menschen bittet eine Frau mit einem kleinen Kind auf den Armen während Jahren um eine milde Gabe. Manche geben der Bettlerin mit Freude eine Kleinigkeit. Vielleicht lebt sie gut mit ihrer Bettelei. Was soll's? Woher hat sie aber wohl das Kind? Man kann doch nicht jedes Jahr ein Kind gebären, damit die Bettelei sich lohnt! Tatsächlich hat manche Mutter in der erwähnten Stadt Angst um ihre Kleinen. Sie könnten gestohlen werden.

Noch immer halten manche Menschen Aussagen ihres Glaubens für wahr. Nach ihrer Meinung informiert ihr

Glaube über reale Ereignisse. Religiöse Berichte können aber dem neuen Weltbild, teils sogar verlässlichem Wissen, widersprechen! Solche Berichte lehne ich ab. Ich gebe aber zu, dass es zu manchen Fragen wohl nie verlässliche Antworten geben wird! Beide Sachverhalte mögen für viele ein Grund sein, sich vom Glauben abzuwenden.

Wir alle glauben. Wir dürfen glauben! Nie sollten wir aber glauben, was der heute verfügbaren, verlässlichen Information widerspricht.

6 Was leisten Religionen?

Ein Beispiel: Die religiösen Vorstellungen eines Urvolkes
Von 1974 bis 1977 weilte ich als Mitarbeiter der evangelischen Dayakkirche in Westborneo, Indonesien. Meine Kontakte zu den Dayak, der Urbevölkerung dieser Insel, waren eng und gut. Rasch lernte ich sie trotz ihrer für uns in mancher Beziehung unverständlichen Kultur schätzen; ihre Freundlichkeit, ihre Friedfertigkeit und ihre Toleranz. Bald fand ich unter ihnen sehr gute Freunde. Stark hat mich der sehr sorgfältige Umgang beeindruckt, den sie untereinander pflegen. Wir Europäer mussten ihnen als Grobiane, als eigentliche „Wildwestmenschen" erscheinen. Bald erkannte ich aber auch, dass sie dieselben Menschen sind wie wir und dass sie auf ihre Art dieselben Probleme meistern müssen.

Noch zu meiner Zeit beherrschten ursprüngliche religiöse Vorstellungen das Denken der Dayak. Sie kannten neben zahlreichen Bräuchen auch verschiedene kultische Handlungen. Nach den überlieferten Vorstellungen zu leben, war für sie eine Selbstverständlichkeit. Eine zentrale Rolle im Umgang mit der Natur spielten Opfergaben. Vor jeder Reissaat mussten den Geistern Opfer dargebracht werden, damit sie den Reis gedeihen liessen. Der Glaube an eine mögliche Wirkung der Opfergaben hing, wie ich feststellen konnte, stark von der Angst um genügend Nahrung ab. Dayak, die für ihr Überleben auf eine hinreichende Ernte angewiesen waren, vollzogen Opfergaben auf dem Feld auch dann noch, wenn sie bereits den christlichen Glauben angenommen hatten. Wem dank einer Stelle beim Staat der volle Magen garantiert war, vernachlässigte sie aber oft.

Brachten die leicht verfügbaren Opfergaben, zum Beispiel Schweine und Hühner, nicht den gewünschten Erfolg, also keine genügenden Erträge, mussten grosse Opfer her: Menschen. Die jungen Dayak-Männer wanderten weit weg in Gegenden fremder Stämme und versuchten dort, jemanden zu töten und den Kopf nach Hause zu bringen. Kopfjagd als Methode der landwirtschaftlichen Produktion! Auch grosse Eingriffe in die Natur machten jeweils Menschenopfer nötig. – Zur Zeit des Zweiten Weltkrieges wurde die Kopfjägerei staatlich verboten. Ich fragte einige ältere Dayak, ob sie dieses Verbot als einen Fortschritt betrachteten. Sie sind mir eine Antwort schuldig geblieben.

Kopfjagd ist nicht Krieg. Den Krieg kennen die Dayak auch. Hautnah erlebte ich die erste kriegerische Auseinandersetzung zwischen den einheimischen Dayak und zugewanderten Indonesiern von der übervölkerten Insel Madura. Das Temperament dieser zugewanderten Menschen unterscheidet sich von jenem der Dayak stark. Es kam zu mehreren unverständlichen Morden an Dayak. Das erboste sie sehr. Nun sind Kriege und auch ihre Beendigung für die Dayak heilige Handlungen. Man beginnt einen Krieg mit Opfern. Tiere werden geschlachtet. Ihr Blut wird in Schalen aufgefangen. Die Schalen werden von Haus zu Haus getragen. Auf diese Weise wird von den Männern die Teilnahme am beabsichtigten Kriegszug verlangt. Den Frauen steht die Teilnahme frei, doch gelegentlich treten sie sogar als

Anführerinnen auf! Wer die Teilnahme verweigert, gilt selbst als Feind. Dieses Mobilisationssystem erwies sich als sehr effizient, erlaubte es doch, innert kürzester Zeit eine grosse Anzahl an Kämpfern zu mobilisieren. Ihm hatten die Einwanderer nichts entgegenzusetzen. Auch die Beendigung eines Krieges ist wieder mit religiösen Handlungen verbunden. Für die Kosten der Zeremonie kam damals der Staat auf. (Dank raschem Eingreifen der Armee kamen in jenem Zwist nur elf Menschen ums Leben; zehn Einwanderer und ein Dayak. Die kriegerischen Auseinandersetzungen wiederholten sich. An der letzten, mir bekannten, soll die Zahl der Toten einige Tausend betragen haben.)

Menschenopfer zeigen die Bedeutung, die man in alten Zeiten religiösen Handlungen zugewiesen hatte. Sie waren wohl in den meisten urtümlichen Kulturen Brauch. Auch unseren eigenen Vorfahren spukten sie wohl in den Köpfen herum, es sind noch nicht einmal tausend Jahre her. Das zeigt die Sage von der Teufelsbrücke in der Schöllenenschlucht. Eine Brücke über einen tosenden Fluss zu bauen, machte in den Augen der damaligen Bevölkerung die Unterstützung durch den Flussgeist (den Teufel) nötig. Seine Mithilfe für den Bau eines solchen Werkes erforderte aber als Opfer eine Seele, also das Opfern eines Menschen. Doch man hatte schon den christlichen Glauben angenommen. Gott steht über einem Flussteufel! Was tun? Man opferte keinen Menschen, aber immerhin ein Tier. Der Flussgeist, unzufrieden, wollte sich rächen und die Brücke mit einem Felsblock zerstören. Eine Frau soll ihn gesehen und sich bekreuzigt haben. Damit brach sie die Macht des Teufels. Gott hatte über die alten Mächte gesiegt!

Zurück zu den Dayak. Auch dieses Volk kennt manche Bräuche, Sitten und auch religiöse Zeremonien. Zum Brauchtum als Teil der Kultur gehört zum Beispiel trotz gleicher Rechte und Pflichten eine weitgehende Arbeitsteilung zwischen Männern und Frauen. Doch wo ziehen die Dayak die Grenze zwischen Brauchtum und Religion? Ich kann es nicht sagen. Die Dayak selbst könnten es wohl auch nicht. In meiner Gegenwart hat einmal eine Gruppe die Frage diskutiert, ob man den gemeinsamen morgendlichen Genuss von Reisschnaps als blosse Gewohnheit oder bereits als gute Sitte bezeichnen soll, die zu befolgen sich gehört.

Die Dayak verfügen über ein ausgeprägtes Rechtsempfinden. Besonders beeindruckt hat mich ihr Umgang mit strafbaren Handlungen. Gefängnisse zum Beispiel gibt es nicht. Zwangsläufig unterscheiden sich ihre Massnahmen von den unseren. Die Verletzung von Regeln ist immer Sache der ganzen Gemeinschaft. Es ist immer *jedermanns* Pflicht, dem eigenen Verwandten in der Verhandlung beizustehen. Daher stehen sich bei Auseinandersetzungen jeweils zwei Gruppen gegenüber; die Gruppe des Geschädigten und jene des Täters. Auch bringen Verstösse gegen das Recht den Kosmos in Aufruhr. Er muss wieder beruhigt werden. Dies schafft eine von der ganzen Gemeinschaft als Sühneopfer gemeinsam festgelegte Menge an wertvollen Gegenständen, für die der Fehlbare aufzukommen hat. Der Wert ist so hoch, dass die Gemeinschaft das Vergehen als wieder

54

gutgemacht betrachten kann. Preis bezahlt, ist der Sünder wieder eine allgemein respektierte Person. Vorbestrafte gibt es nicht!

Zwei Grundlagen jeder Religion

Der Bericht zur Kultur der Dayak lässt uns zwei Grundlagen einer Religion verstehen. Die eine besteht in der Angst um das Lebensnotwendige. Während sehr langer Zeit lebten alle unsere Vorfahren in kleinen Gruppen in einer Natur, die ihnen alles zur Verfügung stellen musste, was man zum Leben braucht. Man hing von ihr ab, verstand sie aber noch nicht. Man erlebte sie als willkürlich. Sie konnte den Menschen die tägliche Nahrung liefern. Sie konnte diese auch verweigern. Nahrung, das tägliche Brot, war aber die wichtigste Lebensgrundlage. Wie konnte man die Natur, die man nicht verstand, dazu bringen, einerseits den Menschen nicht zu schaden und anderseits die menschlichen Bedürfnisse immer zu decken? Es entstanden Vorstellungen von geheimnisvollen Kräften. Man personifizierte und vermenschlichte sie. Man erfand Geister und Götter. Natürlich glaubten die Menschen an deren Existenz. Den Geistern oder Göttern konnte man Opfer darbringen und sie damit gnädig stimmen. Man glaubte, dank der Opfer Einfluss auf das eigene Leben nehmen zu können!

Eine weitere Grundlage einer Religion ist unsere Gläubigkeit. Wir alle glauben. Wir *müssen* glauben, um handlungs- und lebensfähige Gemeinschaften zu bilden. So entsteht auch eine Religion. Für den naiven Menschen ist wahr und richtig, was sie sagt, denn in Fragen über Unbekanntes richten wir uns in der Regel nach den Meinungen unserer Gemeinschaft. Wir glauben dasselbe und halten dasselbe für wahr.

Vermittelt uns eine Religion Wahrheiten?
In der Regel glauben also Menschen an die Wahrheit der Aussagen ihrer Religion, auch ohne Argumente zu kennen. Man hält für wahr, was sie sagt, man glaubt an ihre Wahrheit. Daher auch das Wort „Glaube". Wäre eine Information dagegen wissentlich wahr, könnten wir nicht von „Glauben" reden. Nein, eine Religion liefert uns keine wissentlich wahren Aussagen. Verlässliches Wissen gehört nicht in einen Glauben! Gelegentlich widersprechen die Auffassungen einer Religion sogar besserem Wissen und oft haben Gläubige auch Mühe, sachlich begründetes, neues Wissen zu übernehmen.

Manche Religionen enthalten auch Aussagen, die sich nach heutigem Wissen sachlich nicht überprüfen lassen. Dürfen wir an ihnen festhalten? Vielleicht, vielleicht auch nicht. Wir dürfen glauben. Auch ich glaube. Aber das Wissen setzt dem Glauben eine Grenze. Wenn ein Glaube verlässlicher Information widerspricht, wird er unglaubwürdig. Es gilt daher in jedem Fall, einen Glauben mit dem neuen, verlässlichen Wissen in Einklang zu bringen.

Behauptungen, die wir klar als Irrtümer erkannt haben, stellen manche Religionen heute vor grosse Probleme. Viele christliche Gemeinschaften, auch die katholische Kirche, müssen sich von Ballast lösen! Wir sollten uns auch bemühen, keinen Sachverhalt zu glauben, der sich in Zukunft als falsch erweisen könnte. Es wäre peinlich, fest an etwas geglaubt zu haben, das sich eines Tages als Phantom erweist.

Nochmals zum Beispiel „Gott". Gibt es Gott? Wir wissen es nicht. Ich selbst erkenne in meinem Erleben keine hinreichend klaren Spuren, die Gottes Existenz belegen würden. Wir dürfen an Gott glauben. Wir dürfen ihn auch leugnen. Aber wie der Glaube an Gott ist auch seine Leugnung ein Glaube. So oder so ist es in meinen Augen nicht klug, den Gottesglauben – den Glauben an einen gleichsam materiellen Gott – als das Wesentliche des christlichen Denkens zu betrachten. Vielleicht kann der Gottesglaube helfen, gut zu handeln. Dann erfüllt er einen Zweck. Aber als Selbstzweck sehe ich ihn nicht. Selbstverständlich dürfen wir auch biblische Berichte nie unbesehen als reale Wahrheiten betrachten. Manche können wir allenfalls als kluge Hinweise zur Bewältigung von Lebensproblemen ansehen.

Was sind Religionen?
Was können, was sollen wir als Religion betrachten? Wir Menschen orientieren uns an eigenen, subjektiven Werten. Sie beherrschen unser Denken. Wir glauben an diese Werte. Wir verbinden sie mit einer Vorstellung von Wahrheit. Was unsere Werte sagen und was sie uns zu tun heissen, ist für uns richtig. So entstehen Religionen. Eine Religion ist immer Teil einer Kultur und bildet mit ihr zusammen eine Einheit. Neben Religionen finden wir auch religionsähnliche Vorstellungen wie zum Beispiel Ideologien. Glaubens-

vorstellungen können derart stark werden, dass sie für einen Menschen das Opfern des eigenen Lebens rechtfertigen!

Die Ziele verschiedener Religionen unterscheiden sich; nicht jede verlangt dasselbe. Meistens gehört zu ihren Inhalten der Glaube an übernatürliche, an gleichsam „höhere" Kräfte. Man verehrt sie, man betet sie an und bringt ihnen Opfer. Daneben enthält eine Religion oft auch Vorstellungen über das Gute und das Schlechte: Sie sagt, was man tun oder unterlassen soll, und stellt damit verbindliche Forderungen an das Denken und Handeln. Auch Zeremonien, die dem Gläubigen erlauben, Gebote in bestimmten Fällen zu übertreten, kommen vor. Gewisse Riten können ihm sogar das Recht geben, Feinde zu töten. Opfergaben an höhere Mächte beherrschten vermutlich den Glauben aller ursprünglichen Gemeinschaften. Sogar Menschenopfer konnten, wie wir gesehen haben, zu diesen Opfergaben gehören! Zu den Inhalten zählen auch eigentliche kultische Handlungen wie Gebete, Riten, Prozessionen, Gottesdienste, Besinnungs- und Fasttage. Oft werden Gläubige – Anhänger des eigenen, richtigen Glaubens – und Ungläubige unterschieden. Ungläubige betrachtet man oft als Feinde oder doch als Menschen mit einer falschen Überzeugung. Häufig begründen Religionen ihre Vorstellungen mit Mythen. Verbreitet sind auch Schöpfungsgeschichten und Berichte über die Herkunft des Menschen. Im Weiteren finden wir den Glauben an eine Seelensubstanz und an ein Leben nach dem Tod.

Was eine Gemeinschaft glaubt und wie ihre Mitglieder den Glauben interpretieren, hängt wesentlich von den äusseren Lebensbedingungen ab. Sicher bot der Glaube unseren Vorfahren während langer Zeit eine geistige Heimat. Er gab ihrem Leben seinen subjektiv erlebten Sinn und gewährte Trost in den Härten des Lebens. Während vieler hundert Jahre sollte die Aussicht auf ein ewiges Leben uns Christen von Alltagssorgen befreien. Wir konnten hoffen, uns mit Hilfe der Sakramente von Sünde zu erlösen, um beim Letzten Gericht vor Gott zu bestehen. Widersprüche zwischen den persönlichen Lebenszielen und der Religion sah man aber nicht. Man bog den Glauben, den eigenen Interessen und kulturellen Vorgaben entsprechend, zurecht. Die Zahl der Beispiele ist riesig!

Jede Religion passt sich den widersprüchlichen inneren Anlagen und den notwendigen Überlebensstrategien ihrer Angehörigen an. Religionen dienen aber offensichtlich, wie alle anderen kulturellen Errungenschaften auch, in erster Linie der Lebenstüchtigkeit eines Volkes, *nicht dem Glück der Menschen*.

Kaum beachtet wird eine andere Tatsache. Wie es der Bericht über die Sitten der Dayak gezeigt hat, ist es oft schwierig, zwischen rein kulturellen Regeln und eigentlichen religiösen Inhalten zu unterscheiden. Kultur und Religion vermischen sich! Auch die Geschichte unseres eigenen Glaubens zeigt es.

Zur Bedeutung der Religionen

Will eine Religion immer das Gute? Nein! Hat zum Beispiel der Glaube den Römern verboten, Sklaven zu halten und missliebige Leute grausam umzubringen? Hat der eigene, als christlich bezeichnete Glaube bis vor wenigen hundert Jahren uns verboten, vermeintliche Bösewichte grausam zu töten? Als Teil einer Kultur dient eine Religion, zusammen mit anderen Vorstellungen, in erster Linie der Lebenstüchtigkeit einer Gemeinschaft, nicht dem Guten!

Ist dasjenige, was die Religion als gut betrachtet, wirklich immer gut? Nein! Vielleicht sehen wir das, was uns die Religion sagt, als gut an. Aber Religionen unterscheiden sich. Zur traditionellen Religion der Dayak gehörte auch das Töten fremder Menschen!

Sagt uns die Religion, wie wir handeln müssen, um gut zu handeln? Nein! Sie gibt uns Regeln für den Umgang mit anderen Mitgliedern derselben Gemeinschaft. Sie sorgt für Ordnung. Aber sie nimmt nicht immer Rücksicht auf das Wohl der Menschen, vor allem auch nicht auf jenes von Fremden. Man denke etwa an das Mobilisationssystem der Dayak!

Lehrt uns die Religion sachliche Wahrheiten? Nein! Sie setzt sie allenfalls voraus. Oft zeigt sie Mühe, sich von alten, als falsch erkannten Inhalten zu lösen.

Brauchen wir eine Religion? Nein! Wir wollen sie!

60

Und doch kann ein vernünftiger Glaube uns helfen, das Leben besser zu bewältigen.

Was die Religion sagt und fordert, ist dem Gläubigen heilig. Dieses Gefühl von „heilig sein" macht wohl den entscheidenden Unterschied zwischen rein kulturellen und religiösen Forderungen aus. Oft ist das Gefühl der Heiligkeit mit der Vorstellung einer absoluten Gültigkeit der religiösen Aussagen verbunden. Für die Gläubigen enthält die eigene Religion Wahrheiten, die man nicht hinterfragt.

7 Seele, gibt es das?

Haben wir Menschen eine Seele? Selbstverständlich haben wir so etwas. Das heisst: Wir haben nicht eine Seele. Wir sind Seele! Wir sind Seele und wir haben einen Körper. Verstanden? Ich erkläre es.

Wir sind erstaunliche Wesen; etwas ganz Besonderes! Wir wissen, dass es uns gibt. Wir machen uns Gedanken über uns selbst; über unser eigenes Denken und Handeln. Wir haben eine riesige Kultur geschaffen. Zu ihr gehören neben der Sprache und unserem gesamten Wissen auch alle Sitten und technischen Einrichtungen, die uns ein Leben unter unterschiedlichsten Bedingungen ermöglichen.

Zahlreiche Bücher befassen sich mit der Frage nach jenen Eigenschaften, die uns als Menschen vor allen anderen Lebewesen auszeichnen sollen. Zwar finden wir in einigen dieser Schriften viel Bemerkenswertes. Trotzdem hat mich bisher keine Auffassung voll überzeugt. Manche wesentlichen menschlichen Eigenschaften werden nicht erwähnt. Vielleicht hat man ihre Besonderheiten nicht beachtet, weil man sie für Selbstverständlichkeiten hielt. Vielleicht stehen sie auch einem vorteilhaften Selbstbild entgegen. Um die Bedeutung eines Glaubens für unsere Existenz zu verstehen, müssen wir uns aber über unser eigenes Wesen im Klaren sein. Wir sollten wissen, wer und wie wir sind! Auf gewisse Fragen können Sie allerdings auch von mir keine Antworten erwarten. Vielleicht gibt sie nicht. Es handelt sich unter anderem um die brennende Frage nach einem späteren Leben. Woher wir kommen und wohin wir gehen, wissen wir nicht und werden wir wohl nie wissen.

Die Frage nach unserer Herkunft beschäftigte die Menschheit schon in alten Zeiten. Als einfache Lösung schmeichelt uns die biblische Schöpfungsgeschichte. Ein allmächtiger Schöpfergott soll uns nach seinem Bild erschaffen haben! Noch immer vertreten manche religiösen Menschen diese Meinung. Heute wissen wir es besser. Wir entstanden im Verlauf einer langen Evolution. Ein wissenschaftlich denkender Mensch wird diese Tatsache nicht leugnen, zu deutlich sind die Hinweise. Doch Evolution bedeutet Herkunft des Menschen aus dem Tierreich. So etwas zu glauben fällt vielen Menschen noch immer schwer. Auch manche Intellektuelle stehen zwar zur Evolution, suchen aber noch immer nach einem Element, das uns zu einem ganz neuen Wesen machen soll, zu etwas grundsätzlich anderem, als es alle Tiere sind. Trotz unserer vielen menschlichen Besonderheiten kann ich nicht an ein solches Element glauben. Ich sehe nirgends einen hinreichenden Grund zur Rechtfertigung dieser Annahme.

Wir sind also im Rahmen einer Evolution entstanden. Uns als Lebewesen steht eine Welt gegenüber. In dieser Welt müssen wir uns bewähren. Um unser Verhalten zweckmässig zu steuern, müssen wir ihre Beschaffenheit kennen. Wir müssen zum Beispiel Gefahren und Hindernisse feststellen und zwischen Freund und Feind unterscheiden können. Schon Tiere brauchen diese Fähigkeiten. Ohne hinreichende Kenntnis der Eigenschaften der Welt könnten weder sie noch wir selbst überleben! Daher betrachten wir auch die äussere Welt mit ihrem ganzen Inhalt als den Inbegriff des Realen. Wirklich ist der Stein, den ich in die Hand nehmen und auch fortwerfen kann. Wirklich ist der Tisch, auf den ich meine Arme stütze. Wirklich ist auch der Wind, den ich spüre.

Zum Wirklichen zählen wir selbstverständlich auch unseren Körper. Seine Existenz stellen wir nicht infrage. Im Körper finden wir ein Gehirn. Neue Erkenntnisse der Neurophysiologie geben erste Auskunft über die Art, wie es arbeitet. Offensichtlich ist es dieses Organ, das denkt und das die nötige Information zur Steuerung unseres Verhaltens verarbeitet. „Mind = brain", „Geist ist Gehirn", sagen daher viele Philosophen. Doch es bleibt ein Problem. Was soll Geist sein? Ich finde nirgends eine befriedigende Antwort. Zwar betrachten eine Mehrzahl der heutigen Philosophen und auch manche erfolgreichen Schriftsteller die Frage nach dem Wesen des Geistes als gelöst. Geist besteht in der Tätigkeit des Gehirns. Wo soll da ein Problem sein? Das Gehirn verarbeitet Information. Braucht es noch mehr?

Halt! Information verarbeiten auch Computer, und in manchen Tätigkeiten sind sie uns Menschen schon heute gewaltig überlegen! Verfügen sie also über denselben Geist wie wir auch? Nicht alle Philosophen sind dieser Meinung. Ihre Argumente leuchten ein. Sie erwähnen das sogenannte „Qualia-Problem". Manche geistigen Vorgänge sind von einer bestimmten, subjektiv erlebten Beschaffenheit begleitet. Wie kommt dieses mit manchen Vorgängen im Gehirn verbundene Erleben zustande? Wie können wir es erklären? Macht der materielle Körper mit all seinen Teilen wirklich alles an uns aus?

An einem anderen Ort habe ich das Problem so beschrieben: Ein sportlicher Japaner, in der Schweiz in den Ferien, wollte kurz vor seiner Heimreise noch einen hohen Berg besteigen. Wohin am besten? Er kannte den Namen „Zermatt". Also auf nach Zermatt! Rasch fand er einen Führer. Mit ihm zusammen in eine Hütte, übernachten. Am nächsten Morgen früh aufgestanden und los. Führer und Gast kamen rasch voran, beide verfügten über eine ausgezeichnete Kondition. Es gab noch einige Kletterei, für den sportlichen Japaner kein Problem. Schliesslich auf dem Gipfel. Schönstes Wetter, glasklarer Himmel, kein Wölklein! Begeistert fotografierte der Japaner das ganze Panorama, sorgfältig bemüht, nichts auszulassen. Dann eiliger Abstieg: Er durfte den Rückflug nicht verpassen! Zuhause in Japan zeigte er stolz seine Fotos. Es waren ausgezeichnete Bilder. Sie enthielten das ganze Panorama lückenlos. Plötzlich einer seiner Freunde: „Lieber Kamerad, an deinen Bildern stimmt etwas nicht. Ich kenne Zermatt von Fotos. Da gibt es einen berühmten Berg. Auf deinen Fotos ist er nirgends zu sehen. Dabei war die Luft glasklar. Man hätte ihn sehen müssen." War unser Freund wirklich nicht in Zermatt, oder gibt es etwa das Matterhorn gar nicht?

Unsere Vorstellung von Wirklichkeit kann falsch sein. Oft können wir uns nicht auf unsere spontane Wahrnehmung verlassen. Vielleicht sind auch Dinge wirklich, die man nicht sehen kann. Vielleicht liegen sie uns sogar näher als alles, was wir mit den Sinnen feststellen! Tatsächlich besteht etwas, woran wir oft nicht denken, wenn es um die Frage nach dem Wirklichen geht. Es ist sogar das Erste, das wir

66

beobachten. Allerdings beobachten wir es nicht mit den äusseren Sinnen. Trotzdem ist es leicht aufzufinden. Seine Existenz ist eine unzweifelhafte, empirische Tatsache. Wir suchen es nur am falschen Ort.

Bekannt ist eine Überlegung des französischen Philosophen Descartes. In einem Gedankenexperiment unterzog er jede Aussage über eine Eigenschaft der Welt einem Zweifel. Das Ergebnis seiner Überlegung: Auch wenn ich alles in Zweifel ziehe, so bleibe doch ich selbst übrig als ein denkendes Wesen. Denn wenn ich zweifle, denke ich doch! Also muss ich doch existieren! Seine Überlegung führte ihn zum Schluss auf zwei „Substanzen"; auf eine ausgedehnte, die etwa der Materie entspricht, und auf eine denkende. Heute gelten sein Argument und die Folgerung auf zwei unterschiedliche Substanzen als überholt. Wir wissen doch, dass es das Gehirn ist, das denkt! Doch eine einleuchtende Lösung des Problems eines immer möglichen Zweifels zeigt uns auch die heutige Philosophie nicht.

Nehmen wir an, alles, was ich erlebe, sei nur ein Traum. Doch auch unter dieser Annahme bleibt nicht einfach nichts, wenn ich an allem zweifle. Es bleibt das Erlebnis eines Traums! Und dieses Erlebnis kann ich, wie ich es auch anstelle, nicht aus der Welt schaffen. Auch wenn nur Traum: Als Erlebnis bleibt der Traum bestehen. Ich kann sagen: „Es gibt etwas, unbestreitbar! Etwas Wirkliches lässt sich nicht leugnen. Und dieses unzweifelhaft Wirkliche bin ich selbst in meinem Erleben!"

Erleben ist einfach da. Es ist immer Ich-Erleben, ist immer mein Eigenes. Ich bestehe in meinem Erleben und ich habe einen Körper. Erleben mag zwar bloss ein Erzeugnis meines

Gehirns sein, aber es ist trotzdem dasjenige, das mich ausmacht. Am Erleben lässt sich nicht zweifeln. Es ist mir im Gegensatz zu meinem Körper gewiss. Es ist aber immateriell, von ganz anderer Art als materielle Gegenstände! Descartes sprach von zwei Substanzen, einer ausgedehnten und einer denkenden. Ganz daneben lag er mit seiner Überlegung nicht. Er hätte nur die zweite Substanz als erlebende, nicht als denkende bezeichnen müssen. Denken, Information verarbeiten, können schliesslich auch Computer!

Damit nicht genug. Erleben hat eine ganz besondere Eigenschaft. Es fühlt sich auf eine bestimmte Weise an. Diese seine Beschaffenheit lässt sich physikalisch weder beschreiben noch erklären. Erleben ist etwas Rätselhaftes, Geheimnisvolles, und wird es wohl immer bleiben. Erleben zeigt eine Eigenschaft, die noch rätselhafter ist als das Erleben selbst. *Erleben hat einen Wert!* Es ist kein Wert, den wir in unserem Denken Gegenständen und Zielen subjektiv zuschreiben, sondern ein Wert, der objektiv besteht. Wir finden ihn zwar nur in unserem Erleben. Aber wie das Erleben ist er real, also nicht einfach ein Erzeugnis des menschlichen Geistes, wie es etwa Romane oder Musikstücke sind. Der Wert besteht, ob wir wollen oder nicht. Er zeigt zwei Seiten, eine positive und eine negative. Wir erleben uns angenehm oder unangenehm. Wir können uns freuen und glücklich sein. Wir können aber auch leiden, sogar grässlich leiden. Was positiv ist, das Angenehme, das, was Freude macht, können wir als das Gute bezeichnen. Es zu empfinden lohnt sich. Das Negative, das, was uns leiden lässt, ist das Schlechte. Es lohnt sich, davon frei zu sein. Die Philosophie des Geistes beachtet diese Werte kaum. Dagegen spielen sie in ethischen Diskussionen eine entscheidende Rolle oder sollten sie jedenfalls spielen.

Wir müssen das Erleben mit seinem Wert als eine Erfindung der Natur betrachten. Mit Hilfe unserer Empfindungen und ihrer angenehmen oder unangenehmen Beschaffenheit belohnt oder bestraft sie uns für Handlungen, die dem Zweck unserer Existenz entsprechen oder ihm widersprechen. *Indem die Natur mit den Empfindungen und ihrer angenehmen und unangenehmen Beschaffenheit real existierende Werte geschaffen hat, hat sie uns auch ein reales Ziel für unser Tun gegeben. Das reale Ziel all unseres Tuns ist ein für den Handelnden glückliches Leben!* Jetzt können wir auch die Frage nach dem Wesen der Sünde beantworten. Als Sünde müssen wir alle Handlungen gegen das Befinden eines anderen Menschen, besser gesagt, gegen das Empfinden eines fühlenden Wesens, auffassen.

Der objektive Wert des Erlebens gibt dem Leben seinen objektiven Sinn. Nehmen wir an, wir hätten gar keine Empfindungen oder sie wären neutral, weder angenehm noch unangenehm. Dann gäbe es nichts, was wir anstreben oder vermeiden möchten. Wieso sollten wir überhaupt noch etwas tun? Alles könnte uns gleichgültig sein, auch unsere Instinkte. Es gäbe nirgends *reale* Interessen. Das ganze Universum wäre ohne Wert!

Nach heutigen wissenschaftlichen Erkenntnissen ist das Erleben Folge von Gehirnprozessen. Das heisst: Erleben beruht auf materiellen Vorgängen. Ich zweifle nicht daran. Zwar werden wir vermutlich in absehbarer Zeit wissen, welche Vorgänge im Gehirn mit Erleben verbunden sind. Doch damit hätten wir die Frage nicht beantwortet, weshalb diese Vorgänge ein subjektives Empfinden hervorrufen. Tatsächlich kennen wir auf diese Frage noch keine Antwort. Wir haben nicht einmal eine Ahnung, wie eine Antwort lauten könnte. Meine Überzeugung: Wie Erleben aufgrund von Vorgängen im Gehirn entsteht, weshalb wir gewisse Vorgänge subjektiv erleben, wird wohl immer ein Geheimnis bleiben.

Erleben zeigt eine weitere sonderbare Eigenschaft: Wir können es, und damit uns selbst, die wir ja in unserem Erleben bestehen, als unsterblich denken. Zwar bin ich der Meinung, in meinem jetzigen Leben an diesen meinen Körper gebunden zu sein. Doch ich kann mich als das Ich, das ich bin, auch in einem anderen Körper vorstellen. Gewisse Weltreligionen glauben an Seelenwanderung, und Argumente, welche diese Möglichkeit ausschliessen, kennen wir nicht. Seelenwanderung ist denkbar! Natürlich werde ich einmal sterben. Dann werde ich nichts mehr erleben, jedenfalls nicht in diesem Körper. Ich kann aber nicht erleben, dass ich nicht mehr erlebe! Ein Nicht-Erleben kann es nicht geben, so etwas ist unvorstellbar! Vorstellen kann ich mir dagegen eine neue Existenz. Könnte ich nicht irgendwo, vielleicht in einer sehr fernen Zukunft, als das Ich, das ich jetzt bin, in einem anderen Körper wieder auferstehen? Ausschliessen kann ich es nicht. Unsterblichkeit ist daher vorstellbar! Muss ich sogar zwangsläufig immer sein, vielleicht einmal hier, einmal dort? Oder gibt es so etwas wie ein Jenseits des ewigen Glücks? Oder sind du und ich sogar nur einer, so dass, wenn ich dir ein Übel zufüge, dies eigentlich mir selbst antue?

Heute sprechen wir oft von Bewusstsein. Ich bin nicht glücklich über dieses Wort. Es vermischt zwei Dinge, die von der Sache her nichts miteinander zu tun haben; einerseits Wissen im Sinne von verfügbarer Information über uns und die Welt, anderseits subjektives Erleben als psychischen Vorgang. In der Regel wissen wir zwar, dass wir sind. Im Traum wissen wir es aber meistens nicht. Vermutlich sind sich die meisten Tiere ihrer Existenz ebenfalls nicht bewusst. Auch ganz kleine Kinder sind es wohl noch nicht. Aber fehlt es diesen Lebewesen an Erleben? Empfinden sie nichts, keinen Schmerz? Wenn ich sehe, was sie tun und wie sie auf Umweltreize reagieren, kann ich an ihrem Erleben nicht zweifeln.

Und jetzt: Entspricht das Erleben, das Wesentliche an uns, dasjenige, dank dem reale Interessen erst entstehen und das wir sogar als unsterblich betrachten können, nicht weitgehend dem, was wir unter dem Wort „Seele" verstehen?

Meine Auffassung: Erleben, Seele, ist nicht ganz plötzlich in der Evolution entstanden. Auch Tiere erleben, jedenfalls die uns nahe stehenden. Das bedeutet: Auch Tiere können wir als beseelte Wesen bezeichnen. Immerhin glaube ich nicht, dass für irgendein Tier das Ende seines Lebens ein Problem darstellt. Der Tod als Problem ist wohl erst mit uns

Menschen entstanden. Für mich bedeutet es daher keine Sünde, ein Tier zu töten. Aber auch ein Tier hat vor seinem Tod Anspruch auf ein gutes Leben!

Unsere Lehren: Das Bestreben, Gutes zu tun und schlechte Handlungen zu vermeiden, lässt sich einzig anhand unseres Erlebens, seiner angenehmen und unangenehmen Beschaffenheit, begründen. Ohne diese realen Eigenschaften gäbe es keine Diskussion über Gutes und Schlechtes! Gut ist eine Handlung, die gutes Empfinden mehrt und schlechtes mindert. Darauf kommt es an! Ohne Erleben – also ohne Seele – keine Ethik und auch keine Religion. Jetzt können wir auch über eine bessere oder weniger gute Welt reden. Eine bessere Welt ist eine Welt mit glücklicheren Menschen! Wir können auch sagen, was eigentlich „Sünde" sein soll. Sündhaft sind Handlungen gegen das Gute oder das Unterlassen von Taten gegen das Schlechte. Soll dagegen eine Handlung gut oder schlecht sein, die nicht das Empfinden eines fühlenden Wesens beeinflusst? Gegen diese, oft vertretene Auffassung rebelliert es in mir! – Sind wir unsterblich? Vielleicht.

8 Natur und Kultur

Alles hat uns die Natur gegeben!
Alle nötigen Eigenschaften für unser Leben verdanken wir der Natur. Sie gibt uns die Lebenskraft. Sie gibt uns die Interessen. Sie sagt, was wir wollen sollen. Sie lässt uns glauben. Sie lässt uns an Regeln halten. Sie lässt uns moralisch werten. Sie gibt uns ein Gefühl für gute und schlechte Handlungen und den Glauben an die Pflicht, nach gewissen Grundsätzen zu handeln. Sie lässt uns Kulturen bilden. Dank unserer Natur werden wir heute zum lebenstüchtigen Wesen, das wir sind.

Wir sind Kinder der Evolution. Die Natur hat uns geschaffen. Wer sich mit unserer Herkunft befasst hat, weiss es: An unserer Entstehung im Rahmen einer sehr langen Entwicklung über viele Schritte lässt sich nicht mehr zweifeln. Zu gut passen unsere Erfahrungen zu dieser Erkenntnis. Zwar kennen wir nicht jedes Detail unserer Entstehung und wir werden auch nie alles wissen. Das ist auch nicht nötig. Sachverhalte, die auf einen anderen Weg als jenen über die Evolution hindeuten, sind uns nicht bekannt. Um den Weg unserer Entstehung zu begreifen, benötigen wir keine ausserweltliche Macht!

Vielleicht sind Sie anderer Meinung. Vielleicht glauben Sie an eine göttliche Herkunft des Menschen. Sie wären damit in guter Gesellschaft. Aber kennen Sie Gründe, die Ihnen helfen könnten, einen Menschen mit anderer Auffassung von Ihrer Meinung zu überzeugen, einen Menschen, der für sachliche Argumente an sich durchaus offen ist? Sind Sie der Meinung, es stehe schliesslich so in der Bibel? Warum soll ich glauben, was in einem Buch steht? Papier ist geduldig!

Welches Ziel verfolgte die Natur mit der Evolution? Eigentlich ist es falsch, von einem Ziel der Natur zu reden. Wir erkennen im Gang der Evolution keinen Plan. Was zählte, war immer nur Lebens-, genauer gesagt, Vermehrungstüchtigkeit. Man kann sagen, die Natur habe ausprobiert. Es überlebte, was sich unter den gegebenen Bedingungen als besonders vermehrungstüchtig erwies. Unser Erleben entstand zwar nicht nach Plan, aber im Einklang mit einem Grundsatz der Natur.

Als Organismen können wir Körper betrachten, die aufgrund ihres Erbgutes entstehen und denen die Aufgabe übertragen ist, ihre ererbten Eigenschaften weiterzugeben. Ist die Aufgabe erfüllt, werden sie vom Leben nicht mehr benötigt. Sie sterben. Der Sinn des Ganzen? Individuen paaren sich. Unterschiedliche Gene vereinigen sich. Es entstehen neue Kombinationen und auf diese Weise auch Lebewesen mit vorteilhafteren genetischen Anlagen. Damit erhalten auch die Gene selbst die Möglichkeit, sich gegenüber anderen Genen durchzusetzen.

Auch wir Menschen sind Organismen. Auch wir sind Erzeugnisse der Evolution. Die Natur hat uns mit den nötigen körperlichen und geistigen Eigenschaften für ein erfolgreiches Leben ausgestattet, ausstatten müssen. Sie hat uns

74

auch Interessen gegeben und den Willen, nach diesen Interessen zu leben. Für alle natürlichen Vorgaben tragen wir selbst keine Verantwortung. Aber auf der Basis unserer naturgegebenen Eigenschaften müssen wir das Leben meistern. Unsere ausgeprägten Fähigkeiten können mithelfen. Doch keine höhere Macht befiehlt uns, den natürlichen Vorgaben zu gehorchen. Was wir tun, liegt an uns selbst. Wir erleben die eigene Verantwortung als freien Willen.

Zu unserer Entstehung

Zeitlich gesehen sind wir vom Tierreich nicht weit entfernt. Aufgrund von Knochenfunden und deren zeitlichem Ursprung nimmt man heute an, dass der letzte gemeinsame Vorfahre von uns Menschen und Tieren (Schimpansen und Bonobos) vor rund sechs Millionen Jahren gelebt hat. Funde geben auch Auskunft über die seitherige Entwicklung. Sie zeigt keine gerade Linie. Man hat Überreste verschiedener Arten von Vor- und Urmenschen gefunden. Offensichtlich hat die Natur verschiedene Wege geprüft. Uns heutige Menschen gibt es seit etwa 200 000 Jahren. Wir entstanden in Afrika und wanderten später nach Europa und in andere Erdteile aus. Wir sind aber nicht die einzigen Menschen, die je gelebt haben. Schon vor unserem Auszug aus Afrika war in Europa ein anderer Mensch entstanden: der Neandertaler. Während längerer Zeit lebten er und unsere eigenen Vorfahren nebeneinander. Seit etwa 20 000 Jahren ist er ausgestorben. Vor wenigen Jahren ist man schliesslich einer dritten Menschenart auf die Spur gekommen: dem Denisova-Menschen. – Neue Erkenntnisse werden uns vermutlich ein genaueres Bild zeigen. Am grossen Ganzen lässt sich aber kaum mehr zweifeln.

Als eine menschliche Besonderheit sehe ich die Fähigkeit, sich über das eigene Tun und den Sinn der eigenen Existenz Gedanken anzustellen. Wir wissen, dass wir sind. Wir können uns die Frage stellen, ob wir wirklich so sind, wie wir sein möchten. Wir kennen auch die Angst vor dem Lebensende. Zwar finden wir schon unter Tieren zum Teil Bewusstsein, das heisst, Wissen über das eigene Sein. Anhaltspunkte dafür, dass gewisse Tiere sich über die Art ihres Wesens und Handelns Überlegungen anstellen, sind uns aber nicht bekannt.

Wie wir heute wissen, finden wir die meisten unserer Eigenschaften wenigstens in Spuren schon im Tierreich. Auch bei Tieren gibt es Anfänge von Sprache und Kultur. Selbstverständlich müssen auch Tiere Information verarbeiten, um ihr Verhalten zweckmässig zu steuern. Auch Tiere müssen denken! Verfügen Tiere auch über Erleben? Ich sehe keinen hinreichenden Grund, um es ihnen, jedenfalls den uns nahe stehenden, absprechen zu können. Diese Aussage ist wesentlich für unsere Auffassung von Sünde. Auch Tiere, soweit sie erleben, sollen sich wohlfühlen!

Unser Wissen über Tiere und ihre Fähigkeiten entwickelt sich rasch. Es würde zu weit führen, hier Näheres darüber zu sagen. Nur dies: Wer selbst ein Tier als Kameraden hält, wird meiner Meinung zustimmen: In manchem Tier scheint mehr Mensch zu stecken als in uns selbst.

Engel und Teufel

Der Einfluss des Erbgutes äussert sich in unserem Verhalten auf manche Art. Innere Anlagen lassen uns zum Beispiel essen und trinken, lieben und streiten, uns den anderen anpassen, aber auch die Selbstständigkeit suchen. Unsere natürlichen Eigenschaften sind vielfältig. Als Beispiel kurz zur Liebe: Wenn von Liebe die Rede ist, denken die meisten von uns wohl gleich an Sex. Aber die Liebe zeigt noch viele weitere Aspekte! Unter die Liebe fallen auch Empfindungen wie Sympathie, Zuneigung und Freundschaft. Für uns alle spielt schliesslich die Kinderliebe eine entscheidende Rolle. Ohne Kinderliebe würden wir nicht für Kinder sorgen!

Bis vor wenigen Jahrzehnten unterschätzte man den Einfluss innerer Anlagen auf unser Denken und Verhalten zum Teil krass. Es gehörte zum Credo mancher Intellektueller, unser ganzes Tun als erlernt anzusehen. Diese Auffassung vertrat auch die während langer Zeit als massgebend betrachtete Lehre der sogenannten wissenschaftlichen Psychologie, der Behaviorismus, obschon er schon zu seiner Zeit ernst zu nehmenden Erkenntnissen klar widersprach. Das Problem ist noch nicht ganz überwunden. In einem neueren Lexikon philosophischer Begriffe lese ich den Satz: „Die Triebtheorie hat ohnehin ausgedient." Ich frage mich, ob der Autor dieses Satzes nie etwas von sexuellen Bedürfnissen gespürt hat! Die Meinungen der Wissenschaftler ändern sich heute. Innere Anlagen werden in manchen Kreisen nicht mehr geleugnet und schon oft wird die Frage diskutiert, wie weit Natur und wie weit Kultur unser Verhalten prägen. Eine erfreuliche Entwicklung!

Intuitiv unterscheiden wir Gutes und Schlechtes. Gutes soll man tun, Schlechtes vermeiden. Warum? Weil es ein Gott gesagt hat? Vielleicht auch. Aber in erster Linie streben wir danach, Gutes zu tun und Schlechtes zu vermeiden, weil uns die Natur so geformt hat und uns daher entsprechendes Verhalten spontan einleuchtet. In uns leben ein Engelchen und ein Teufelchen. Das Engelchen lässt uns für andere Menschen sorgen. Wir helfen gern; wir haben zum Teil ein eigentliches Bedürfnis zu helfen. Wir erfüllen Pflichten. Wir erbringen Opfer. Wir können für eine vermeintlich gute Sache, zum Beispiel für den richtigen Glauben oder die richtige Ideologie, sogar das eigene Leben opfern. Leider helfen wir oft auch am falschen Ort. Das Teufelchen wiederum lässt uns die eigenen Interessen verteidigen. Wir werden böse, wenn jemand sie uns streitig machen will. Böse könnte natürlich auch der andere werden, wenn wir ihm zu nahe treten. Daher lassen wir uns gegenseitig meistens in Ruhe. Auf diese Weise entsteht die stabile soziale Ordnung, die wir brauchen, um als Gruppe handlungsfähig und lebenstüchtig zu sein. Unser Kampf kann aber auch dem Guten dienen. Wir setzen uns für Gerechtigkeit ein! Zwiespältig ist der Kampf um einen eigenen Lebensraum. Den Gegner betrachten wir als Feind. Feinde bewerten wir als böse. Unsere Aggressionen können leider auch ausarten. Es entstehen sinnlose Kriege. Oft begehen wir auch eigentliche Gräueltaten gegen Feinde und gegen vermeintliche oder wirkliche Bösewichte.

Unser Verhalten ist also widersprüchlich. Der Grund dafür lässt sich leicht einsehen. Das Leben stellt an uns unterschiedliche Ansprüche. Einerseits sind wir auf Konkurrenz angelegt. In der Evolution gibt jener sein Erbgut weiter, der sich gegenüber der Umwelt und auch gegen seine

Artgenossen durchsetzt. Wer immer nur gibt, wer sich alles nehmen lässt, wird nicht erfolgreich leben. Seine inneren Anlagen werden verschwinden. Daher hat uns die Natur als Egoisten geschaffen. Anderseits sind wir auch soziale Wesen. Wir müssen zusammen eine handlungsfähige Gruppe bilden, die ihr eigenes Territorium verteidigen oder auch ein neues erobern kann. Gegenseitige Hilfe macht die Gruppe stark. Daher helfen wir einem Geschädigten oder einem Bedrängten gern. Ohne soziale Instinkte gäbe es keine lebensfähigen Gemeinschaften! Beides, Egoistisches und Altruistisches, muss also in uns drinstecken. Allerdings ist es so; wir können es bedauern: Zuerst kommt der Egoismus, erst dann der Altruismus. Wer seine Speise anderen überlässt, verhungert. Wer Hilfe verweigert, wird vielleicht geächtet, aber daran stirbt er nicht!

Unsere Herkunft als Erzeugnis der Natur, entstanden in sehr langer Zeit der Entwicklung, erklärt die Widersprüchlichkeit unserer inneren Anlagen. Wir brauchen sie so, wie sie sind. Sie machen uns lebenstüchtig. Aber der Engel in uns leistet leider nicht nur Gutes und der Teufel zum Glück nicht nur Schlechtes. Dessen müssen wir uns bewusst sein!

Wie schon erwähnt, steuert die Natur unser Verhalten mit Hilfe von angenehmen und unangenehmen Gefühlen. Das gilt auch für egoistisches und altruistisches Handeln. Wir können es am eigenen Verhalten leicht beobachten: Handlungen sowohl für als auch gegen andere Menschen können uns Freude bereiten. Gern stehen wir einem Freund bei, manchmal auch einem fremden Menschen. Es kann sehr angenehm sein, seine Hilfsbereitschaft auszuleben! Aus diesem Grund helfen wir gern. Gelegentlich stellen wir uns nicht einmal die Frage, ob unsere Hilfe wirklich hilft. Unserer Hilfsbereitschaft steht eine gewisse Lust zu schlechten Handlungen gegenüber. Niemand würde einen Kameraden mobben, wenn er dabei nicht Freude spüren könnte. Und selbstverständlich befriedigt es uns, wenn der Bösewicht seine verdiente Strafe kriegt! Jugendliche, die einen Menschen beinahe getötet hatten, gaben an, aus Lust gehandelt zu haben. Vorfreude auf aggressive Handlungen gegen Feinde könnte mit ein Grund für Kriege sein. Zur Freude an unserer Bosheit stehen wir allerdings nicht gern!

Auch schlechtes Handeln kann also Lust bereiten. Lust bereitet aber auch, das Schlechte in uns zu bekämpfen! Es gibt unserem Handeln seinen als freudig erlebten Sinn.

Es sind wohl auch innere Anlagen, die uns veranlassen, andere Menschen moralisch zu bewerten. Wir unterteilen sie in Gute und Schlechte, wobei man sich selbst in der Regel zu den Guten zählt. Wer tut, was wir selbst nie tun würden, ist schlecht. Er ist verdammenswert oder wenigstens strafwürdig. Die eigene Widersprüchlichkeit, die im Wesen eines jeden von uns liegt und die wir überwinden müssten, beachten wir nicht.

Woher kommt das Übel?
Die Natur hat uns geschaffen, indem sie immer die Lebenstüchtigsten ausgelesen hat. Aber auslesen konnte sie nur dank einer zu grossen Anzahl an Individuen, die eine

Auswahl erst möglich machten. Nur dank Überschüssen hat die Natur die Vielfalt des Lebens geschaffen. Nur dank Überschüssen sind auch wir Menschen entstanden. Überschüsse bedeuten aber ein Zuviel an Menschen. Für viele fehlt oft Lebensraum.

Heute stellen sich manche Menschen die Frage, weshalb Gott, der Allmächtige, das Übel dulde. Dem Gläubigen könnte die Schöpfungsgeschichte eine Antwort geben. Gott hat uns nach seinem Bild geschaffen; selbstverständlich nicht als Wesen mit Kopf, Händen und Füssen, sondern als Mitschöpfer der Welt. Zu diesem Zweck hat er uns die Fähigkeit und den Willen gegeben, die Welt zu gestalten. Wir tun es! Doch nicht immer erfüllen wir unsere Aufgabe im Sinne des Guten. Zwar hat Gott an uns auch die Forderung gestellt, gut zu handeln. Als Mitschöpfer sind wir aber frei, wie er auch. Leider missbrauchen wir unsere Freiheit oft. Das meiste Übel schaffen wir selbst!

Selbstverständlich wollen wir alle überleben. Aber wie? Einigen gelingt eine erfolgreiche Existenz. Sie haben einen Platz an der Sonne gefunden. Die grosse Menge aber lebte und lebt auch heute noch in Unsicherheit und Not. Not gehörte immer zum Leben! Um den Lebensraum musste man kämpfen. Kämpfen konnte heissen, Feinde zu töten. Überschüssige Menschen wollte man loswerden. Doch wer war überschüssig? Vermutlich derjenige, dem es nicht gelungen war, in seiner Gemeinschaft zu einer respektierten Stellung zu gelangen. Menschen waren billig! Man konnte sie mobben, aus der Gemeinschaft hinausekeln. Solches finden wir auch im Tierreich. Schon Wölfe tun es, wenn das Rudel zu gross wird. Man konnte die Menschen versklaven, zwar ihre Arbeitsleistung brauchen, ihnen aber die weitere Vermehrung verweigern. Warum billige Menschen nicht auch quälen, nur so zum eigenen Vergnügen? Sie sind ja nichts wert, und sie selbst sind es, die den Schmerz spüren, nicht wir, die quälen. Manchen Zuschauer mag es befriedigen, den Bösewicht leiden zu sehen. Denken wir an den Bösewicht im Film! Wer aber ist böse? Als böse kann schon gelten, wer anders denkt! Ja, wir können wahre Teufel sein. Für ein bisschen geile Lust quälen wir andere mit grösster Grausamkeit. Welch grauenhaftes Missverhältnis! Während sehr langer Zeit gehörten Grausamkeiten zu unserer Kultur. Auch die Kirche – Kind der Kultur – hat während langer Zeit Ketzer, das heisst Andersdenkende, lebendigen Leibes verbrannt. (Die Kirche tat es, weil die Menschen mit ihrer Kultur es so wollten!) Offensichtlich besteht aus Sicht der Evolution kein Grund, Übel zu vermeiden, wenn es die Lebenstüchtigkeit der Art nicht beeinträchtigt. Sind wir eine Fehlkonstruktion der Natur, weil wir quälen, ohne dass es unserer Lebenstüchtigkeit nützt? Vermutlich schon.

In der Geschichte finden wir zahlreiche Beispiele ungeheurer Katastrophen. Häufig entstehen sie, wenn sich Engel und Teufel in uns miteinander verbünden. Im irrigen Glauben, mit unserer Aggression Gutes zu bewirken, kämpfen wir gegen die üblen Feinde, schlachten sie ab und begehen dabei Ungeheuerlichkeiten. Der Glaube an die einzige wahre Lehre, vielleicht sogar verbunden mit der Bereitschaft, für sie zu sterben, kann uns verführen,

82

Millionen von Menschen krepieren zu lassen. Nationalsozialismus und Kommunismus waren solche „Wahrheiten". Heute soll es der fundamentalistische Islam sein.

Warum schaffen wir all das Übel? Wir, die wir doch gut sein möchten? Gerade heute erleben wir es an manchen Orten im ganz Grossen: Wir führen Kriege und wir morden. Wer tut es? Menschen, die einfach schlecht sind? Es ist sehr wichtig, dass wir uns einer Tatsache bewusst werden: Es sind Menschen wie du und ich! Und warum handeln sie schlecht? Weil sie die Schlechtigkeit ihres Handelns nicht einsehen! Vielleicht sind sie dem Leid anderer gegenüber gleichgültig. Vielleicht verschliessen sie die Augen. Vielleicht sehen sie, dass andere dasselbe auch tun. Vielleicht wollen sie sich für „das Recht" stark machen, für dasjenige, das sie als Recht ansehen! Nur glauben jeweils beide Seiten, im Recht zu sein. Daher müssen wir das Schlechte in uns selbst erkennen. Wir alle tragen es in uns. Ohne Einsicht in unser Wesen und ohne Respekt vor dem Wert jedes anderen werden wir des selbstverschuldeten Übels wohl nie Herr werden.

Würde Pazifismus das Problem lösen? Einfach jeweils nachgeben? In einigen Fällen mag das gehen, aber immer löst es die Probleme nicht. Wir wollen ja jemand sein, als Person und als Mitglied einer Gruppe. Wir müssen dies wollen! Denn ohne unser Bedürfnis, eine Stelle, eine Funktion in der Gemeinschaft einzunehmen, entsteht keine soziale Struktur, die schliesslich die Gemeinschaft aufbaut, und allein wären wir nie lebensfähig. Andauernde Nachgiebigkeit kann kein Problem lösen. Es gibt nur eines: Wir müssen unsere eigenen Stärken und Schwächen erkennen und versuchen, Konflikte stets in gegenseitigem Respekt – eben in christlichem Sinne – zu lösen.

Zu unserer Natur gehört auch die Kultur!
Die Natur hat uns als kulturfähige, aber auch einer Kultur bedürftige Wesen geschaffen. Die Wissenschaft bezeichnet als Kultur im Gegensatz zu einer landläufigen Auffassung nicht nur die Künste. Diese bilden nur einen kleinen Teil des Ganzen. Zur Kultur gehört alles Überlieferte, alles, was nicht schon die Natur einem Lebewesen mitgegeben hat. Zur Kultur gehören also auch übernommenes Wissen und erlernte Fähigkeiten, Sitten und Bräuche, Wissen über dasjenige, was sich gehört und was gut oder schlecht sein soll, und schliesslich die Religion.

Eine Kultur entsteht dank unserer natürlichen Neigung, uns dem Handeln und Denken der anderen Angehörigen unserer Gemeinschaft anzupassen. Was alle für gut ansehen, ist gut, und was alle für richtig ansehen, ist richtig. Die erste Aufgabe einer Kultur ist es wohl, aus einer Menge von Individuen eine lebens- und handlungsfähige Gemeinschaft zu formen. Sie gibt entsprechende Regeln für unser Verhalten vor. Schon unsere Natur verlangt nach Regeln. Die Kultur baut sie aus. Jede Kultur hat ihre Regeln. Die Mitglieder der Gemeinschaft richten sich nach ihnen. Sie respektieren die Regeln, verinnerlichen sie und machen sie zur eigenen Überzeugung. Jede Gemeinschaft hält ihre

Regeln für die richtigen. An die eigenen Regeln zu glauben ist ein natürliches Bedürfnis.

Nicht alle Menschen handeln immer genau nach denselben Regeln. Das ist gut so. Was wir als gut und richtig ansehen und was als schlecht und falsch, unterscheidet sich von Mensch zu Mensch, von Kultur und Kultur und auch von Religion zu Religion. Dank der Freiheit, die uns die Natur lässt, können sich Kulturen ändern und den äusseren Verhältnissen anpassen. Daher sind wir in der Lage, verschiedene Kulturen zu bilden und unter unterschiedlichsten Bedingungen zu überleben. Diese Anpassungsfähigkeit ist es, die uns zum lebenstüchtigen – vielleicht allzu lebenstüchtigen – Wesen hat werden lassen, das wir sind.

Im Rahmen der natürlichen Anlagen bestimmt die Kultur, was gut und was schlecht sein soll. Sind die kulturellen Regeln aber gut für uns? Sie sollten unser Leben verbessern. Tun sie es? Verbessern sie das Leben aller und nicht nur jenes der Mächtigen? Leider führt die kulturelle Entwicklung nicht einfach zum Guten. Auch die Kultur dient in erster Linie der Lebenstüchtigkeit einer Gemeinschaft!

Heute hätten wir die nötigen Kenntnisse, um eine Kultur zu unserem Wohle zu schaffen. Als Christen müssten wir es tun! Ein Blick auf die Entwicklung des menschlichen Denkens und Handelns lässt die Frage nach einer besseren Welt leider noch nicht positiv beantworten. Jeder Mensch sei gleichwertig, hat Jesus gelehrt. In Bezug auf dieses Ziel haben wir, jedenfalls im Westen, tatsächlich schon einiges erreicht. Aber könnten wir überhaupt eine bessere Welt schaffen? Ja, wir können es erreichen. Eine Welt mit einem einzigen Folteropfer weniger ist eine bessere Welt! Die Arbeit ist allerdings unsere, nicht jene Gottes!

Auch wir westlichen Menschen leben und denken nach Regeln. Wir respektieren sie ebenfalls, denn auch wir glauben an sie. Wie andere Völker auch, betrachten wir sie als selbstverständlich, als richtig und als allgemeingültig. Alle anderen Menschen müssen sich ebenfalls nach ihnen richten, wenn sie richtig denken und handeln wollen. Man denke zum Beispiel an den Menschenrechtskatalog der UNO, der die Grundlage zu einer umfassenden neuen Weltordnung bilden soll.

Nebenbei: Auch in meinen Augen sind die Menschenrechte tatsächlich eine grossartige Errungenschaft! Trotzdem habe ich den Eindruck, dass wir unsere westliche Auffassung allzu missionarisch anderen Völkern mit anderem Denken und anderer Religion aufdrängen. In meinen Augen äussert sich hier nicht nur eine wahre menschliche Gesinnung, sondern auch eine allgemeine menschliche Schwäche.

Zu wirklichen Menschen macht uns die Vernunft!
Sind wir einfach die Sklaven unserer inneren Anlagen? Für Tiere mag dies zutreffen. Wir Menschen sollten es nicht mehr sein. Zwar können wir die natürlichen Grundlagen unseres Denkens und Handelns nicht verneinen. Aber es liegt in unserem eigenen Ermessen, ob wir der Natur gehorchen wollen oder nicht. Als Wesen mit Vernunft können wir den Sinn unseres Tuns hinterfragen. Wir können über

unserer Natur stehen! Dank dieser Fähigkeit werden wir tatsächlich zu einer Art neuem Wesen. Blind zu glauben, was die Natur oder die Gemeinschaft uns zu glauben heissen, macht uns nicht zu Menschen. Wahrhafte Menschen werden wir durch kritisches Hinterfragen und Bilden einer eigenen, vernünftigen Meinung!

Die Anforderungen an das Leben sind für jedes Lebewesen hart. Not gehörte bisher immer zum Leben. Wir Menschen sind die ersten Lebewesen, die Not vermeiden könnten. Dank Geburtenkontrolle hätten wir die Möglichkeit, unsere eigene Anzahl und die benötigten Lebensräume einander anzupassen. Die Anlagen, dies auch tun zu wollen, hat uns die Natur leider nicht mitgegeben.

Aber Jesus zeigt uns den Weg, den wir im eigenen Interesse gehen müssen. „Du tust für Gott, was du für deine Mitmenschen tust", lehrte er. Zu diesen Mitmenschen gehören *alle* Menschen; und ich sage heute: „Dazu gehören auch die Tiere!"

9 Pflicht oder Nutzen?

Das Leben ist nichts Neutrales. Das Leben hat einen Wert, einen realen. Ein Leben kann besser oder weniger gut sein, lebenswerter oder weniger lebenswert. Wir möchten ein möglichst gutes Leben für alle. Ob ein Leben gut ist, hängt aber zu einem grossen Teil von uns Menschen selbst ab, vor allem von unserem Handeln gegenüber anderen Menschen. Doch wie können wir ein gutes Leben für alle erreichen?

Für Jesus als Juden galt die jüdische Pflichtethik. Gott hatte Forderungen aufgestellt, die einzuhalten als Pflicht galt. Jesus gab sich aber mit einer reinen Pflicht nicht zufrieden. Er suchte in den göttlichen Weisungen nach einem Sinn. Um gut zu sein, muss eine Handlung einem Menschen nützen, das heisst, sie muss ein Befinden verbessern. Mit diesem Gedanken hat er eine neue Sicht in den Glauben eingebracht. Leider hat die Christenheit diese Sicht nicht immer beachtet.

Wir sind frei!
Wir sind frei in unserem Handeln! Von einem Leben nach dem Tod und, damit verbunden, einer Belohnung oder Bestrafung unseres irdischen Handelns, wissen wir nichts. Daher kennen wir keinen hinreichenden Grund, um unser moralisches Handeln auf Jenseitiges auszurichten. Nichts, wenn nicht das eigene Interesse, verpflichtet uns zu einem bestimmten Tun, streng genommen auch keine Verantwortung und keine Pflicht. Wir dürfen die Grundsätze, nach denen wir handeln, selbst wählen.

Der Wille, gut zu sein, liegt in unserer Natur. Nichts zwingt uns, ihm nachzuleben. Trotzdem glauben wir an die Pflicht gut zu handeln. Hinter unserem Willen, Gutes zu tun, liegt also immer ein Glaube! Auch jene teilen diesen Glauben, die so tun, als würden sie jeden Glauben ablehnen. Dem Glauben entsprechend, werten wir das Handeln moralisch. Wir betrachten gewisse Handlungen als geboten oder verboten, als gut oder schlecht. Wir alle werten moralisch. Freidenker tun es nicht weniger als Anhänger eines fundamentalistischen Glaubens.

Zwei ethische Grundsätze

Es gibt Handlungen, die wir persönlich als gut, und andere, die wir als schlecht ansehen. Helfen ist gut, anderen schaden ist schlecht. Wir wollen gut sein und wir scheuen uns, schlecht zu handeln. Was macht nun eine Handlung zu einer guten Tat? Zwei grundsätzliche Auffassungen über das richtige Handeln stehen sich gegenüber. Allerdings gibt es wohl kaum jemanden, der sich streng und genau nach einem dieser beiden Grundsätze richtet. Beide Auffassungen wollen den Interessen der Menschen dienen. Beide glauben an die Notwendigkeit, Gutes zu tun und Schlechtes zu vermeiden. Aber die eine begründet Forderungen nicht mit der Wirkung auf ein Befinden. Handlungen sind geboten oder verboten, weil sie an sich gut oder schlecht sind. Gut zu handeln und schlechte Taten zu vermeiden ist Pflicht, ungeachtet der Folgen (Ethik der Pflichten; philosophisch spricht man von Deontologien). Die andere Sichtweise benutzt die Vernunft. Sie richtet sich nach dem Sinn einer Handlung. Eine Handlung gilt als moralisch gut, wenn sie das Befinden des Handelnden selbst oder jenes der Person, der die Handlung gilt, verbessert. Eine Handlung muss also jemandem einen realen Nutzen bringen (Ethik des Nutzens, Utilitarismus).

Zur Ethik der Pflicht

Wir alle werten unser Handeln moralisch. So sind wir. Aus pflichtethischer Sicht hängt der moralische Wert einer Handlung aber nicht in erster Linie von der beabsichtigten Wirkung ab. Man begründet ihn auch nicht mit dem Nutzen für eine Person und hinterfragt ihren Sinn für den Betroffenen nicht. Es geht einfach darum, gewisse ethische Regeln einzuhalten. Oft hat eine höhere Macht die Richtlinien aufgestellt. Nach pflichtethischer Auffassung ist töten schlecht, weil töten eben schlecht ist; lügen ist schlecht, weil lügen eben schlecht ist. Man darf nicht tun, was schlecht ist, weil es eben schlecht ist. Gut ist ein Mensch, der nur tut, was ungeachtet der Folgen als gut gilt, und das als schlecht Angesehene meidet. Nach gewissen, als gültig betrachteten Forderungen zu leben, ist Pflicht. Es ist zum Beispiel Pflicht, niemals etwas zu tun, was für einen Menschen tödlich sein könnte, auch wenn mit dieser Handlung an Stelle einer Person mehrere andere gerettet werden könnten. In diesen Fällen gewichtet die Pflichtethik das Wohl eines einzelnen stärker als den Gesamtnutzen. Oft liegt sie unseren Empfindungen näher als die Nutzensethik. Konsequent gelebt verbietet sie aber einen Hitler umzubringen, auch wenn mit dieser Handlung Millionen gerettet werden könnten! Pflichten bilden den Kern zahlreicher Religionen. Als Beispiel können die vielen Forderungen an das Verhalten strenggläubiger Juden gelten. Uns stellt sich aber die Frage: Ist *wirklich* immer gut, was eine Religion als gut bezeichnet?

Oft ist ein Pflichtdenken mit fundamentalistischem Glauben verbunden. Angehörige solcher Glaubensrichtungen sind von der absoluten Wahrheit ihrer Auffassung überzeugt. Christliche Fundamentalisten stützen sich gern auf einzelne biblische Worte und betrachten sie, ohne Beachtung anderer biblischer Aussagen, als einzig massgebend. Oft entstehen als Folge eines solchen Denkens Sekten.

Zur Ethik des Nutzens
Der Ethik des Nutzens geht es um den Sinn einer Handlung. Der Verstand entscheidet. Als massgebend betrachtet er die beabsichtigte Wirkung einer Handlung. Ihr Sinn, ihr rationales Ziel, liegt in einem guten Befinden des von der Handlung betroffenen, fühlenden Wesens.

Auch die Ethik des Nutzens beruht auf einem Glauben. Auch sie respektiert die Pflicht, gut handeln zu müssen. In der Frage, was der Handelnde als gut betrachten soll, hat aber der Verstand das letzte Wort. Er ist es, der sagt, was gut ist. Gut ist, was nützt. Was wird als Nutzen verstanden? Der Nutzen, um den es gehen muss, liegt im Gegensatz zu einer verbreiteten Meinung gerade nicht in materiellen oder sozialen Vorteilen. Er liegt immer im Befinden des Handelnden selbst und seines Mitmenschen. Handelnder und Mitmensch zählen gleich viel. Eine Handlung ist moralisch wertvoll, wenn sie das Befinden empfindender Wesen im Ganzen verbessern, also das Glück mehren und das Leid mindern soll. Eine Hilfe muss ein Befinden verbessern helfen, sonst ist sie keine Hilfe.

Die Sicht des Verstandes enthält eine Wahrheit. In erster Linie zählt für uns alle immer das Befinden. Angenommen, ich fühlte mich wirklich glücklich. Welche Änderung meines Befindens sollte ich noch anstreben? Ich hätte alles! Daher sind alle meine subjektiven Ziele nur Mittel zum Zweck. Nicht Wohlstand zählt in erster Linie, nicht eigener Erfolg, nicht einmal Selbstbestimmung, sondern nur das Befinden selbst. Wir können diese Aussage auf die Welt als Ganze ausdehnen: Die beste Welt ist die Welt mit den glücklichsten Wesen und mit möglichst wenig Leid! Auch ich selbst richte mich in meinem Handeln in erster Linie nach diesem Grundsatz.

Noch hat sich die Ethik des Nutzens als moralisches Prinzip nicht allgemein durchgesetzt. Sie kann starken Intuitionen widersprechen. Konsequent gelebt, verlangt sie auch Handlungen gegen unsere moralischen Instinkte, denn um gut zu handeln, müssen wir unter Umständen bereit sein, gegen starke intuitive moralische Forderungen zu verstossen. Wir müssen es dann, wenn eine Handlung zwar unserem Gefühl widerspricht, insgesamt aber mehr Gutes als Übles schafft. Wir müssen im Extrem bereit sein, einen einzelnen Menschen zu töten, wenn mit dieser Handlung mit Sicherheit zwei andere Menschen gerettet werden könnten. Gerade dieses Beispiel zeigt auch die Schwierigkeit, gute Entscheide nach dem Prinzip des Nutzens zu fällen.

Nun muss ich zugeben: Auch mich selbst überfordert gelegentlich ein reines Nutzendenken. Das darf es auch. Sein Sinn wird dadurch nicht infrage gestellt, denn eine Welt nach dem Prinzip des Nutzens ist nach Definition die beste! Wie weit wir selbst unserem Verstand folgen wollen oder können, liegt an uns. Auch wir sind nur Menschen. Wir sind keine rein vernünftigen Wesen. Gelegentlich können die eigenen Gefühle zu stark einem an sich sinnvollen Grundsatz widersprechen. Ein oft erwähntes Beispiel: Drei Kinder sind am Ertrinken, zwei in der Nähe des Ufers, ein anderes, mein eigenes, weiter draussen. Ich kann entweder die zwei Kinder in der Nähe retten oder jenes weiter draussen. Aus Sicht der Vernunft, ohne Rücksicht auf die eigenen Gefühle, wäre es besser, die beiden Kinder in Ufernähe zu retten. Ich werde aber mein eigenes Kind zu retten versuchen. So bin ich und so fühle ich eben. Nach dem Prinzip eines möglichst grossen Nutzens handle ich falsch. Das Prinzip selbst bleibt aber richtig.

Wer vernünftig handeln will, muss natürlich soweit als möglich alle Auswirkungen seines Tuns beachten. Er muss sich zum Beispiel die Frage stellen, ob unsere Hilfe die „Opfer" unserer Handlungen wirklich glücklicher macht. Ein heute aktuelles Beispiel: Tun wir Gutes, wenn wir einem Kind jeden Wunsch erfüllen? Kinder sollen glücklich sein. Die Erfüllung eines Wunsches stellt das Kind zufrieden. Es soll sich aber auch zu einem glücklichen Erwachsenen entwickeln. Ist es für einen Menschen, auf das ganze Leben gesehen, nicht besser, schon als Kind zu lernen, dass nicht jeder Wunsch immer gleich in Erfüllung gehen kann?

Dem Guten der Natur, das heisst dem Guten der Instinkte, stehen das Gute der Pflicht und das Gute des Nutzens gegenüber. Ethik der Natur, Pflichtethik und Nutzensethik verlangen von uns oft nicht dasselbe, obschon es allen um dasselbe geht; um das Befinden. Die Natur lässt uns den momentanen Gefühlen folgen. Oft irrt sie sich aber. Die Pflichtethik bemüht sich, den Fehler der Gefühlsethik zu korrigieren. Sie gibt unserem Handeln ein Schema vor, das sagt, was man tun oder lassen soll. Die Vernunft schliesslich entscheidet mit Verstand. Manchmal verlangt sie, gegen die unmittelbaren Gefühle zu handeln. Oft stellt sie uns vor schwierige Probleme oder widerspricht sogar zu stark der eigenen Natur. Wir selbst sind frei. Es liegt an uns selbst und am eigenen Interesse, ob und wie weit wir der Natur, einem Schema oder einer Ethik des Nutzens folgen wollen.

Sollen wir einem schwer kranken, leidenden, alten Menschen in seinen Wünschen nach baldigem Tod nachgeben oder müssen wir ihn zum Weiterleben veranlassen? Und wie sollten wir im Falle eines verzweifelten jungen Menschen vorgehen? Solche Fragen sind heute aktuell.

Wollen Religionen das Gute?
In der Regel betrachten wir alle Vorschriften der eigenen Religion als gut. Schlecht ist, was der eigene Glaube verbietet. Als kritische Menschen müssen wir aber manche religiösen Forderungen als sinnleer oder sogar als sinnwidrig bezeichnen. Das gilt auch für uns Christen. Man denke etwa an die grausame Verbrennung lebendigen Leibes von Ketzern, von Menschen, die nach einem anderen Glauben als

dem christlichen – christlich nach damaliger Auffassung – leben wollten. Unter den Menschen unseres Glaubens galten solche Strafen damals als angemessen. Es war eben Pflicht Christ zu sein, und zwar Christ nach der Art, wie es die Kirche sagt. Diese Pflicht stand über allem! Niemand dachte daran, dass die Strafen Jesus' Auffassung widersprachen.

Aus solchen Gründen sehe ich Pflichtethik als Gefahr für einen Glauben. Handlungen aus Pflichtgefühl sind vor allem deshalb gefährlich, weil wir ihren Sinn, den sie, zugegeben, oft auch haben, nicht begründen müssen. Daher können schlechte, sogar extrem grausame Forderungen in eine Religion eindringen. Der Frage, ob eine Handlung einem Menschen wirklich Nutzen bringt und nicht sogar schadet, braucht man sich als Pflichtethiker nicht zu stellen.

Die Verhältnisse in den entwickelten Staaten scheinen sich in der letzten Zeit gebessert zu haben. Wir kennen Menschenrechte. War Jesus mit dem Sinn, den er in religiösen Forderungen suchte, seiner Zeit um 2000 Jahre voraus?

Für mich als heutiger Mensch gilt: Alle Religionen müssen christlich werden! Ich denke, die guten Juden sind heute schon Christen. In Indonesien haben sich viele Muslime mir gegenüber ebenfalls als beste Christen verhalten. Anderseits vergessen wir gern, dass auch für die christlichen Glaubensrichtungen das Handeln gegenüber den Mitmenschen im Mittelpunkt stehen muss!

10 Das Glück

Was ist Glück?

Wir Menschen können uns freuen und wir können leiden. Freude und Leid sind reale Werte. Es gibt sie, ob wir wollen oder nicht. Sie gehören zu unserem Befinden. Sie sind die Grundlage unserer realen Interessen. Freude zu mehren und Leid zu mindern ist das rationale Ziel all unseres Tuns.

Was ist Freude, was ist Leid? Oft ist eine befriedigende Antwort nicht einfach. Zur Freude: Meine Tochter bringt ihren kleinen Jungen, das Kindergartenkind, zu Bett. „Du Mami, ich freue mich auf morgen!", meint der Kleine. Er sagt es, ohne dass für den nächsten Tag etwas Besonderes vorgesehen wäre. Manchmal empfinde ich dasselbe auch. Es ist schön, einfach nur zu leben! Ein gutes Leben können wir jedenfalls nicht als Kette möglichst intensiver Lüste betrachten. Es geht im Leben auch um den Sinn und um die Zufriedenheit über das eigene Tun. Was ist Leid? Wir kennen Schmerzen. Sie können sehr heftig werden. Oft erleben wir auch anderes Unglück, unter dem wir sehr leiden. Mit manchem Übel müssen wir immer rechnen. Ein Übel als etwas Unvermeidbares annehmen kann uns immerhin helfen, damit umzugehen. Glücklich war, wer am Ende des Lebens sagen kann: „Mein Leben war gut. Ein solches Leben würde ich gern wieder erleben."

Auch die Wissenschaft befasst sich mit dem Glück. Über unser Wohlbefinden bestehen schon umfangreiche Erhebungen. Was mich freut: Wir in den entwickelten Ländern

97

leben auf der guten Seite, jedenfalls soweit wir persönlich keine Not leiden. Bemerkenswert ist die Entwicklung des Befindens in verschiedenen Kulturen über die Zeit. In den entwickelten Ländern steigt der Wohlstand noch immer. Das Wohlbefinden verbessert sich aber kaum noch. Einige ärmere Länder schneiden in weltweiten Untersuchungen zum Teil wesentlich schlechter ab als entwickelte Staaten. Die Ursache mag in realer Not liegen. Ein weiterer Grund kann die Unzufriedenheit über die eigene Situation sein: Die Welt ist klein geworden. Menschen in armen Ländern vergleichen ihre Lebensumstände mit jenen von Menschen in reicheren Ländern. Unzufrieden fühlen wir uns offensichtlich, wenn wir materiell weniger haben als das, was wir als uns zukommend erachten.

Äusserliche Unterschiede haben auf das persönliche Befinden von Menschen in den wirtschaftlich entwickelten Ländern einen eher kleinen Einfluss. Materielle oder soziale Erfolge können zwar für kurze Zeit das Befinden erheblich verbessern. Der Einfluss ist aber nicht nachhaltig. Spürbar beeinträchtigt wird unser Wohl dagegen von Arbeitslosigkeit. Auch ich habe dies einmal erlebt. Liegt es an der unsicheren Lebensperspektive? Seit ich Rentner bin, geniesse ich meine Freiheit! Eher unerwartet fühlen sich Behinderte kaum weniger wohl als Durchschnittsmenschen. Bemerkenswert ist vielleicht der positive Einfluss eines strengen Glaubens. Meine Interpretation der Forschungsergebnisse: Ein Mensch, der hat, was er so zum Leben braucht, und sich damit zufrieden gibt, ist weitgehend glücklich.

Als Alltagsmenschen unterliegen wir einem starken Vorurteil in Bezug auf materielle Existenz. Wir beobachten es auf der ganzen Welt. Wir glauben an einen nachhaltigen Einfluss materieller Erfolge und setzen Glück mit materiellem Fortschritt gleich. Nur eine weitere Vermehrung des Wohlstandes könne uns helfen, die Probleme der Zukunft zu meistern, redet uns die Wirtschaft ein. Tatsächlich können wir uns ein Leben unter Verzicht auf neue Einrichtungen oft nicht vorstellen. Was andere haben, wollen wir auch! Dabei orientieren wir uns nach oben, also an jenen, die mehr haben. Haben, was sie haben, muss doch mit Glück verbunden sein! Auch ich selbst möchte die Errungenschaften der modernen Medizin nicht missen. Anderseits denke ich noch immer mit viel Freude an unsere erlebnisreichen Ferien im Zelt zurück. Auch das teuerste Hotel kann solche Erlebnisse nicht bieten!

Jesus hat klar gezeigt, was er von Reichtum hält. „Eher kommt ein Kamel durch ein Nadelöhr als ein Reicher in das Reich Gottes." Es geht in dieser Aussage wohl nicht um das persönliche materielle Vermögen. Es geht um die Wertschätzung von Besitz und immerfort steigendem Wohlstand.

Unsere Einstellung gegenüber der Armut entspringt ebenfalls einem Vorurteil. Armut bedeutet für uns Unglück. Wir verwechseln sie mit Leid. Ich lebte bei den Dayak, der Urbevölkerung der Insel Borneo. Besitz nach unserer Art kennen sie nicht. Aber sie haben, was sie brauchen; Reichtum ist noch unbekannt und ihre materiellen Ansprüche sind klein. Aus unserer westlichen Sicht sind sie arm und müssten leiden. Auf mich machten sie jedoch einen glücklichen Eindruck. Auch die UNO hat sich als grosses Ziel die Bekämpfung der Armut vorgenommen. Ich stelle mir die Frage: Will sie damit Leid lindern oder will sie westlichen Vorstellungen zum Durchbruch verhelfen? Dazu ein wahres Beispiel: Ein Hilfswerk brüstet sich damit, den Armen fliessendes Wasser ins Haus zu bringen. Eine Frau aus einem fremden Land, aufgewachsen in bescheidenen Verhältnissen, kannte als Mädchen kein fliessendes Wasser. Wasser holte man am Ziehbrunnen. Auch ordentliche WCs gab es nicht. Sie beschreibt ihre oft harte Jugend als sehr glücklich. Das Urteil ihrer Kinder, aufgewachsen im gewohnten europäischen Luxus, tönt weniger günstig.

Längst haben viele von uns materiell mehr, als sie zu einem optimal glücklichen Leben brauchen würden. Trotzdem suchen wir, oft verbissen, nach weiterem Wohlstand, nicht einfach nach einem glücklichen Leben. Mehr Wohlstand sei Fortschritt. Vielleicht auch, aber sicher nicht nur. Das Gerede von der Notwendigkeit eines steigenden Wohlstandes ist oft leeres Geschwätz!

Wie steht es mit mir selbst? Es gab kurze Zeiten, die ich nicht nochmals erleben möchte. Mit meinem Leben als Ganzes gesehen kann ich zufrieden sein. So, wie es war und ist, darf es bleiben. Besonders gefallen haben mir gemeinsame Unternehmungen mit guten Kameraden. Auch spontane Feste haben mich gefreut. Den Alltag verbringe ich mit Arbeiten, am liebsten körperlichen. Was ich mache, soll aber etwas Nützliches sein. Daneben schreibe ich, zum Beispiel Texte wie diesen hier. Das mache ich weniger gern. Aber es gibt meinem Leben Sinn. Es freut mich, etwas Sinnvolles tun zu können!

Noch etwas: Wir sind wohl nicht geschaffen für ein andauerndes Leben im siebten Himmel. Das ist auch nicht nötig. Mir genügt ein Leben auf der guten Seite. Auf ein solches Leben kann ich mich immer freuen!

Leider – so mein Eindruck – entschädigt uns auch die höchste mögliche Freude nicht für grauenhaftes Leid. Die Hölle ist tiefer als der Himmel hoch!

Werden wir das Übel meistern?
Das rationale Ziel unserer gemeinsamen Anstrengungen ist eine bessere Welt, eine Welt mit glücklicheren Menschen. Ist es überhaupt möglich, eine bessere Welt zu schaffen? Es ist möglich! Wir müssen dazu nicht nur das Wohlbefinden fördern, sondern auch das weit verbreitete, meistens selbst geschaffene Übel vermindern; Übel, das Menschen wie du und ich verursachen. Ich hoffe, die Erkenntnis unserer eigenen, widersprüchlichen Art wird helfen, das Problem des selbstverschuldeten Übels zu lösen.

Ganz wird Leid nie verschwinden. Tragödien gehören zum Leben. Daher können wir kein Paradies auf Erden erwarten, wie es uns oft irgendwelche Heilslehren versprechen und wie ich es selbst als junger Mensch noch geglaubt hatte. Wir verlieren zum Beispiel einen geliebten Menschen. Sein Tod kommt zu früh. Wir empfinden ihn als Tragödie und leiden sehr darunter. Auch manche Naturkatastrophen können wir nicht vermeiden. Wir hören oft davon. Vielleicht schieben wir den Gedanken daran zur Seite und nehmen an, wir seien vor realem Unglück gefeit. Irrtum! Kein Glaube kann alles Übel aus der Welt schaffen. Aber er kann uns helfen, manches Unglück hinzunehmen. Er bietet uns die dazu nötige innere Bereitschaft.

Es geht um eine kluge Moral!
Wir alle sind moralisch. Wir alle glauben an moralisch Gutes und wir alle anerkennen Pflichten; die einen vielleicht mehr, die anderen weniger. Auch die übelsten Typen führen Handlungen zugunsten anderer Menschen aus. Das Sollen gehört zu uns, genauso wie unsere Freude an Vergnügungen oder an der Befriedigung körperlicher Bedürfnisse. Wir brauchen das Sollen daher nicht weiter zu begründen. Wir sollen, weil wir wollen. Allerdings gehen die Auffassungen über das moralisch Gute auseinander, und nicht jeder hält dasselbe für seine Pflicht. Die Frage, um die es geht, heisst daher nicht „Sollen wir?", sondern „Was sollen wir?". Moralisches Empfinden an sich ist uns gegeben wie Hunger und Durst. Es geht um ein moralisch kluges Sollen!

Noch immer prägt das Vorurteil des materiellen Egoismus unser Denken. Ein rein egoistisches Handeln, ein Handeln, einzig auf den eigenen sozialen oder materiellen Vorteil ausgerichtet, wird noch oft als klug bezeichnet. Doch der materielle Egoismus, verstanden als alleiniges rationales

102

Ziel, widerspricht einer klugen Moral, denn er lässt einen wesentlichen Teil unserer Bedürfnisse ausser Acht. Die Natur selbst hat uns neben egoistischen Triebkräften eben auch das Streben gegeben, gut zu sein. Als gut erlebte Handlungen geben unserem Leben Sinn und fördern so unser Befinden. Eine kluge Moral muss den *ganzen* Menschen betrachten!

Das heutige ethische Denken verlangt vor allem nach altruistischem Handeln. Doch was soll dessen Ziel sein? Eine einleuchtende Antwort geben uns die Überlegungen zur Ethik des Nutzens. Bei allen moralischen Leistungen geht es immer um das Befinden eines fühlenden Wesens. Nur darauf kommt es an. Dabei zählt das Befinden jedes Menschen gleich viel. Auch ich selbst bemühe mich, nach diesen Grundsätzen zu handeln. Handlungen, die kein Befinden verbessern oder es sogar beeinträchtigen, betrachte ich nicht als moralisch gut. Moralische Bedeutung haben für mich nur Handlungen, deren Sinn für andere Menschen ich einsehe. Eines muss uns klar sein: Hilfe ist Hilfe, wenn sie nützt. Hilfe mit dem Ziel, einfach gut zu handeln, ist keine Hilfe!

Der heutige Mensch stellt sich die Frage nach dem eigenen guten Leben kaum. Oft vernachlässigen wir auch die eigenen, wahren Interessen. Schade! Falsch verstandenes Christentum? Ich denke, ja. Nächstenliebe schliesst Eigenliebe nicht aus! Tatsächlich widerspricht ein gutes Leben aus moralischer Sicht einem guten Leben aus Sicht der Vernunft nicht, denn auch ein nur auf sein eigenes

Interesse bedachter, rational urteilender Mensch wird sich die Frage nach dem Sinn stellen, den seine Handlungen für ihn selbst bedeuten, und in seinem Streben neben seinen eigenen materiellen Interessen auch seine altruistischen Empfindungen berücksichtigen. Er wird sich Gedanken über den Wert seiner Ziele machen und den zweifelhaften Sinn mancher verbreiteten Vorstellungen erkennen.

Wir leben heute unter ganz anderen Verhältnissen als noch vor kurzem. Das Überleben ist leicht geworden. Existenzielle Not kennen wir meistens nicht mehr. Leben muss nicht Leid bedeuten! Daher denken wir über unser Leben anders, als es die Menschen noch vor wenigen Jahren getan haben. Frei von der Notwendigkeit, unser ganzes Streben auf den Überlebenskampf auszurichten, öffnen sich uns neue Ziele. Wir leben nicht mehr für ein Jenseits. Wir leben, um gut zu leben und um „etwas vom Leben zu haben". Wir werten auch anders. Der Mensch ist wertvoll geworden, jeder. Den Verlust eines Kindes, früher allen Menschen vertraut, empfinden wir heute als grosse Tragödie. Die Art, wie wir leben und denken, entwickelt sich heute weltweit rasant. Die Entwicklung bringt uns mehr Wohlstand und mehr Annehmlichkeiten. Doch bringt sie uns auch ein besseres Leben? Wir stellen uns diese Frage nicht. Wir sollten sie uns aber stellen; in unserem eigenen Interesse!

11 Und jetzt?

Wohin wollen wir?

Eine neue Zeit ist angebrochen. Die Lebensbedingungen und damit auch unser Denken haben sich geändert. Bis noch vor kurzem haben die meisten Christen unseren Glauben mit all seinen Inhalten als selbstverständliche Wahrheit betrachtet. Er bot uns eine geistige Heimat. Er gewährte Trost in unserer Not. Er versprach ein ewiges Leben ohne Leid nach dem Tod. Doch das Wissen unserer Vorfahren war noch klein. Heute verstehen wir vieles, was früher unbekannt war; zum Beispiel, wie wir entstanden sind: Wir sind Kinder der Evolution. Dank unseren Erkenntnissen beherrschen wir die Natur in manchen Bereichen. Ein voller Magen ist uns garantiert. Überleben ist einfach. Das Leben ist planbar geworden (so meinen wir wenigstens). Die Geburtenkontrolle macht den Kampf um Lebensraum unnötig; das Problem „überschüssiger" Menschen ist damit theoretisch gelöst. An einem ewigen Leben ohne Leid nach dem Tod zweifeln wir. Auch die Existenz eines Gottes stellen wir in Frage. Oft glauben wir, zur Bewältigung realer Alltagssorgen keiner Religion mehr zu bedürfen. Diesen neuen Verhältnissen wird sich auch der christliche Glaube anpassen, anpassen müssen, ob wir es wollen oder nicht. Es ist uns aber möglich und steht uns frei, bei diesen Anpassungen mitzureden. Kein allmächtiger Weltgeist verbietet es uns.

Vor zweitausend Jahren hat sich auch Jesus die Frage nach dem Sinn gewisser Forderungen seines jüdischen Glaubens gestellt. Seine Überzeugung war: Der Glaube ist nicht Selbstzweck. Er ist für uns da, für uns alle! Diese Überzeugung veranlasste ihn, das zu tun, was wir auch heute tun müssen. Jesus versuchte, den Glauben auf die wirklichen Probleme des damaligen Lebens auszurichten. Dieselbe Aufgabe stellt sich uns heute. Unser heutiger christlicher Glaube muss uns modernen Menschen helfen, die heutigen Probleme zu lösen!

Nach meiner Überzeugung dürfen wir nicht nur, sondern müssen auch unseren Glauben der neuen Zeit anpassen. Doch ihn anpassen bedeutet nicht, vom Weg, den Jesus uns gezeigt und vorgelebt hat, abzuweichen. Es geht im Gegenteil darum, zu Jesus zurückzukehren. Wir müssen nach seinem Vorbild den christlichen Glauben schaffen, der in die heutige Zeit gehört und passt!

Jesus hat zu seiner Zeit in einer anderen Welt mit anderen Problemen gelebt. Die ersten Christen und die entstehende Kirche haben seine Lehre nach eigenen Vorstellungen weiter gestaltet. Zum Teil beherrschen auch heute noch Inhalte unseren Glauben, die nicht auf Jesus zurückgehen. Einige dieser Auffassungen kann ein aufgeklärt denkender Christ nicht mehr teilen. Sie passen nicht mehr in die heutige Zeit und zu unserem Wissen, führen aber zu teils massiver und für mich auch verständlicher Kritik, zum Beispiel zu Kritik vonseiten der Muslime.

Wir Menschen glauben, wir alle, auch jene, die sich ungläubig nennen. Doch was sollen wir glauben? Mit einer

Tatsache müssen wir uns abfinden. Keine Religion kann uns auf gewisse Fragen wahre Antworten geben. Zu diesen Fragen gehören jene nach der realen Existenz eines Gottes und zu einem Leben nach dem Tod. Der Grund ist einfach: Für ein verlässliches Urteil fehlen uns die sachlich notwendigen Grundlagen. Für mich ist klar: Gott selbst ist ein Geheimnis und er wird es immer bleiben. Dasselbe gilt wohl auch für die Frage nach einem Leben nach dem Tod.

Was heisst „Christ sein"?
Wir Menschen sind, wie alles Lebendige, Geschöpfe der Natur. Wir sind im Verlaufe einer sehr langen Evolution entstanden. Nur ein Ziel interessierte jeweils die Natur: die Fähigkeit eines Lebewesens, unter den jeweils bestehenden Verhältnissen möglichst viele Nachkommen zu erzeugen. Auch unsere eigenen inneren Anlagen dienen diesem Ziel. Daher sind wir sowohl Egoisten als auch Gutmenschen. Beides muss sein. Aus diesem Grund verursachen wir einerseits viel Übel. Das meiste Leid auf der Welt schaffen wir selbst! Anderseits wollen wir auch gut sein. Wir helfen gern Bedürftigen! Aber schaffen wir mit unserer Hilfe immer Gutes? Und ist die Verteidigung unserer Interessen immer schlecht? Die Frage, wie wir mit unseren widersprüchlichen Anlagen vernünftig umgehen können, stellen wir uns kaum.

Jesus hat in den strengen jüdischen Vorschriften einen Sinn gesucht. Nach seiner Überzeugung muss der Glaube uns allen dienen. *Diese Aufgabe erfüllt er, wenn wir in unserem Denken und Handeln das Wohl jedes Mitmenschen gleich hoch wie das eigene gewichten.* Unmissverständlich hat uns Jesus dies mit seinem eigenen Handeln gezeigt. Er hat sich um die Wehrlosen, die Armen und die Verachteten gekümmert. Auch Menschen, die vom richtigen Weg abgekommen waren, nahm er an. Wir sehen es am Gleichnis über den verlorenen Sohn: Am Sünder, der auf den rechten Weg zurückfindet, hat Gott besondere Freude. Unser Glaube sagt es: Gottes Liebe gilt allen Menschen! Selbstverständlich gilt sie auch jenen, die wir als unsere Feinde betrachten.

Zu unseren Mitmenschen zählen natürlich auch unsere Nachkommen. Wir respektieren sie, indem wir ihnen eine möglichst lebenswerte Welt und Kultur hinterlassen!

Eine gute Kameradin fragte als Schülerin eines Klosterinternats den Abt des Klosters, ob er an Gott glaube. Seine Antwort: „Ich suche." Nie würde ich wegen der ehrlichen Antwort die christliche Überzeugung dieses Mannes in Zweifel ziehen. Ich frage mich, *ob man nicht gerade mit ernsthaftem Suchen seinen Glauben an Gott beweist. Oder besteht Gottesglaube allein schon im Bemühen, den richtigen Weg zu gehen?*

Die christliche Einstellung führt zwangsläufig zum Bemühen, eine gute Welt zu schaffen. Eine gute Welt ist eine Welt mit glücklichen Menschen. Jeder Mensch, jedes empfindende Wesen, soll sich möglichst gut fühlen. Ist dies erfüllt, dann haben wir die beste Welt erreicht, die wir schaffen können. Eine möglichst gute Welt anzustreben ist auch das rationale Ziel aller *gemeinsamen* Anstrengungen zur

Entwicklung von Technik, Wissenschaft und Kultur. *Unser christlicher Glaube enthält mit diesem Ziel eine Wahrheit.*

Christliches Handeln wird oft zu Unrecht mit selbstlosem Handeln gleichgesetzt. Jesus war offensichtlich nicht selbstlos. Er liebte freudige Feste. Als Christ darfst du auch an dich selber denken! Jesus stellt an uns auch keine unerfüllbaren Forderungen, dies im Gegensatz zu einer verbreiteten Meinung. Christ sein heisst nicht, ein Leben ohne weltliche Freuden und ohne Fehler zu führen. Wir können gar nicht fehlerfrei sein! Jesus verlangt von uns aber das Bemühen, nach einer bestimmten Einstellung zu leben. Zu dieser Einstellung gehört auch die stetig vorhandene Bereitschaft, die Fehler unserer Mitmenschen zu verzeihen.

Engel und Teufel

Wir Menschen sind widersprüchliche Wesen. Wir haben gute und weniger gute Anlagen. In uns leben sowohl ein Engelchen als auch ein Teufelchen. Um lebenstüchtig zu sein, brauchen wir beide. Oft sind wir der Meinung, um gut zu handeln, müssten wir uns blind auf unser Engelchen verlassen. So einfach ist christliches Handeln nicht. Wir wissen es aus der Geschichte: Wenn sich der Engel mit dem Teufel verbündet, können sogar schlimmste Katastrophen entstehen! Christliches Handeln untersteht der Vernunft. Wir kommen nicht darum herum, immer die Folgen unseres Tuns zu bedenken und das richtige Mass zu suchen.

Die Natur lässt uns spontan handeln. Spontan helfen wir gern, wir alle. In unserer heutigen, westlichen Gesellschaft dominiert oft der Engel. Man muss gut sein. Die Folgen eines vermeintlich guten Handelns hinterfragen wir nicht. Wir helfen, um unser Hilfsbedürfnis auszuleben. Man hilft dem, der unsere Hilfsbereitschaft weckt. Wen wir nicht sehen, der interessiert uns kaum. Oft bilden wir uns ein, mit unserem Handeln Gutes zu tun, helfen aber am falschen Ort und versäumen, dort zu helfen, wo Hilfe nötiger wäre. Auch geben wir immer wieder unbemerkt eben doch den eigenen, materiellen Interessen den Vortritt.

Menschenrechte sind eine grossartige Errungenschaft der heutigen, westlichen Kultur. Doch jeder Mensch hat nicht nur Rechte, sondern auch Pflichten. Jeder trägt für sein Leben Verantwortung. Wir dürfen und müssen auch fordern! Mancher Mensch hält uns bettelnd seine Hand hin. Sollen wir sie immer füllen? Manchmal schon, aber nicht immer! Wir nützen dem Bittsteller nicht, wenn wir ihm die Verantwortung für sein eigenes Tun abnehmen. Ich helfe gern jemandem, seine schwere Last zu tragen. Soll ich aber, der ich bereits meine eigene Last trage, auch noch diejenige des anderen auf mich nehmen, der lieber ganz ohne Last gehen möchte? Das verlangt mein christlicher Glaube, so wie ich ihn verstehe, nicht.

Der Christ vergibt!
Wir können nicht einfach nur gut sein. Wir müssen uns im Leben auch durchsetzen. Wir müssen einen Platz in der Gemeinschaft erringen. Zwangsläufig leben wir immer in Konkurrenz zu anderen Menschen. Wir treten ihnen auf die Füsse. Konflikte lassen sich oft nicht vermeiden. Wie gehen

110

wir damit um? „Vergib uns unsere Schuld, so wie auch wir bereit sind, jenem zu vergeben, der uns Schlechtes angetan hat." So steht es im Gebet, das zu beten uns Jesus angeraten hat. Wir müssen verzeihen, damit auch uns verziehen wird. Für mich heisst das: Jesus hat uns von Sünde erlöst. Denn mit der immerwährenden Bereitschaft, die Fehler des Mitmenschen zu verzeihen, überwinden wir die eigene Sündhaftigkeit.

Nebenbei: Wie vergeben wir jemandem, der uns Übles angetan hat? „Ich habe ihm verziehen", hört man oft; auch von Menschen, die Schlimmes erleben mussten. Schwamm darüber. Fertig. Der eigene Zorn wird unterdrückt oder geleugnet. So einfach geht es nicht. Erinnerungen muss man aufarbeiten. Eine psychologische Erfahrung zeigt es: Ungelöste Probleme bleiben besonders lang im Gedächtnis haften. Wenn uns etwas plagt, müssen wir uns damit auseinandersetzen, am besten in einem Gespräch. Ohne Bereitschaft zur Versöhnung lösen wir aber kein Problem.

Wollen wir Gerechtigkeit?

Manche Christen bezeichnen den Einsatz für Gerechtigkeit als ihr grosses, christliches Ziel. Ich frage diese Menschen: „Für welche Gerechtigkeit kämpft ihr denn?"

Unser Streben nach Gerechtigkeit entspringt einem Instinkt. Wir wollen Gerechtigkeit. Wir verlangen nach ihr, spontan. Wie „gerecht" ist sie aber? Wenn ein Gleichgestellter mehr erhält als wir selber, protestieren wir. Achtung! Sind es dagegen wir, die profitieren, rechtfertigen wir den Unterschied gern mit einem Mehrwert unserer Person oder unserer Leistung. Unser instinktives Gerechtigkeitsempfinden ist nicht dasselbe wie christliche Gesinnung!

Im jüdischen Recht galt die Forderung „Aug um Auge, Zahn um Zahn". Mit diesem Rechtsgrundsatz begrenzte das jüdische Gesetz das Strafmass. Jesus verlangte mehr; es ist dies eine seiner grossen Leistungen, die ich schon erwähnt habe: „Wenn dich einer auf die Backe schlägt, dann halte ihm auch die andere hin. Wenn dir jemand die Jacke wegnimmt, dann gib ihm noch das Hemd dazu!" Es gibt im Leben Wichtigeres als das Einfordern von Recht; zum Beispiel das Vermeiden von Streit! Auch die Gerechtigkeit, alles Recht, ist eben für uns da, nicht wir für die Gerechtigkeit. Gerechtigkeit soll uns dienen. Sie kann und soll uns helfen, miteinander auszukommen. Aber sie ist nicht selbst das Ziel christlichen Handelns!

Jesus glaubte an die baldige Ankunft eines Jüngsten Gerichts. An diesem Tag werde Gott die Menschen nach ihrem Handeln beurteilen. Aber: Gott selbst wird es tun. Ihm obliegt das Urteil. Uns steht es nicht an, zu verurteilen. „Richtet nicht, damit ihr nicht gerichtet werdet", sagte Jesus. An anderem Ort: „Suche nicht nach dem Splitter im Auge des anderen, entferne zuerst den Balken in deinem eigenen!"

Natürlich sollen wir uns für Gerechtigkeit einsetzen. Aber etwas steht über ihr: das Gute für den Mitmenschen. Wir müssen bereit sein, Ungerechtigkeiten hinzunehmen, wenn es dem Guten nützt. Daher ist es vernünftig, auch die linke Wange hinzuhalten, wenn uns jemand auf die rechte

geschlagen hat. Wir können damit eine weitergehende Auseinandersetzung vermeiden. Zudem: Warum hat der andere geschlagen? Vielleicht glaubte er sich ebenfalls im
Recht! Sehr viele Übel geschehen heute und geschahen auch
früher, weil Menschen glaubten im Recht zu sein und es für
ihre Pflicht hielten, dieses Recht auch durchzusetzen.

Wir freuen uns, wenn der Bösewicht im Film seiner gerechten Strafe zugeführt wird. Hurra, der Täter ist gefasst! Jetzt
wird er für seine Untaten büssen! Doch einem Menschen
zur Strafe Leid zuzufügen befriedigt höchstens unsere mo-
mentane Rachsucht. Darüber hinaus nützt dieses Leid niemandem. Das heisst wiederum nicht, dass wir schlimme
Handlungen einfach dulden sollen. Die Frage ist, wie wir
mit einem Übeltäter umgehen. Das Übel, das er getan hat,
darf nicht wieder vorkommen, denn viele Opfer leiden
noch ihr ganzes weiteres Leben unter den Folgen seiner Tat!
Ohne Massnahmen, oft auch ohne Härte, geht es meines Er-
achtens nicht, denn eine menschliche Gemeinschaft braucht
Regeln, um überleben zu können. Aber einen Übeltäter quälen nützt ebenfalls niemandem.

Zugegeben, der Einsatz für Gerechtigkeit ist wichtig. *Doch
das individuelle Erleben mit seiner Qualität steht über ihr.* Gerechtigkeit beruht auf eigener Einschätzung. *Erleben mit Leid
und Freude ist dagegen objektive Realität.* Wir müssen das reale
Befinden des Mitmenschen über unser subjektives Gerechtigkeitsempfinden stellen. Wir müssen, wenn nötig, auf Gerechtigkeit zugunsten des Wohls gequälter Menschen verzichten, auch wenn es uns schwerfällt. Für mich steht fest:

Die Vernunft, die das Gute will, steht über unserem Verlangen nach Gerechtigkeit. Sie *muss* darüberstehen!

Falsche Götter!
„Eher kommt ein Kamel durch ein Nadelöhr als ein Reicher in die neue Welt Gottes", sagte Jesus. Diese drastischen Worte lassen sich leicht verstehen. Eine Gemeinschaft, die Wohlstand als das Wesentliche jeder Entwicklung ansieht, ist auf dem falschen Weg. Man kann auch sagen: „Sie glaubt an einen falschen Gott."

Fortschritt soll das Ziel unserer gemeinsamen Tätigkeit sein. Doch was ist Fortschritt? Vermehrung des Wohlstandes? Huldigung eines Gottes „Wohlstand" oder eines Gottes der sozialen Erfolge? Die rationale Sicht zeigt es: Als Fortschritt können wir nur einen Schritt zu einer Welt mit glücklicheren Menschen betrachten. Wohlstand und soziale Erfolge können ein Mittel sein, um dem Unglück zu entfliehen. Selbstzweck sind sie nie. Meine eigene Überzeugung: Schon heute besitzen wir materiell in mancher Beziehung weit mehr, als wir zu einem optimal glücklichen Leben bräuchten. Für mich ist klar: Wir können nicht gleichzeitig Christen sein und den Wohlstand vergöttern.

Seien wir tolerant!
„Liebt eure Feinde!" forderte Jesus. Unter „Feinden" verstand er die Andersgläubigen. Jesus war tolerant. Nicht ohne Grund hat er einen Samaritaner, einen Menschen anderen Glaubens, in einem seiner Gleichnisse als den beispielhaft richtig Handelnden hingestellt. Er selbst forderte

Toleranz gegenüber Menschen anderen Glaubens! Für mich ist Toleranz auch gegenüber Menschen selbstverständlich, die mit dem Wort „Gott" nur wenig anfangen können. Oder steht in der Bergpredigt etwa „Freuen dürfen sich die Gläubigen"?

Toleranz bedeutet immer Respekt vor fremdem Glauben. Beim bekannten Autor Karl May habe ich das folgende Gedicht gefunden. Er hat es als strenger Katholik vor bald 200 Jahren geschrieben und es gefällt mir.

> „Tragt euer Evangelium hinaus,
> doch ohne Kampf sei es der Welt beschieden.
> Und seht ihr irgendwo ein Gotteshaus,
> so stehe es für euch im Völkerfrieden."

Eine persönliche Erfahrung aus Indonesien: Die einheimischen Beamten, alles Muslime, unterstützten mich, den Mitarbeiter einer einheimischen Kirche, in allen Bereichen aufs Grosszügigste. Muslime seien nicht fähig, sich neuem Denken anzupassen? Was für ein Unsinn! Die Muslime, die ich in Indonesien kennengelernt habe, überzeugten mich im menschlichen Bereich mehr als so manche Europäer. Auch Muslime können beste Christen sein!

Den Weg gehen ist das Ziel.
Mit dem Ziel, eine möglichst gute Welt zu schaffen, stellen wir uns eine Aufgabe, die jener entspricht, die gemäss einer Sage der griechischen Mythologie die Götter Sisyphos übertragen hatten. Sisyphos wollte nicht, was die Götter

wollten. Zur Strafe verurteilten sie ihn, für alle Zeiten einen Felsblock auf einen Hügel zu schieben. Aber immer würde der Block, bevor er sein Ziel erreicht hat, wieder den Abhang hinunterrollen. Eine ewige Arbeit, nie von Erfolg gekrönt.

Meine Überzeugung: So wie Sisyphos geht es auch uns in unserem Glauben. Auch wir müssen ein Ziel erreichen. Das Ziel ist eine gute Welt. Der christliche Glaube zeigt den Weg, den wir gehen müssen. Er bringt uns dem Ziel nahe. Doch den totalen Erfolg, einen Erfolg für immer, werden wir nie erreichen.

Haben Sie die Bibel gelesen, das Neue Testament? Dann wissen Sie, dass die ersten Christen, wie Jesus auch, dem jüdischen Glauben angehörten und auch gar nichts anderes als Juden sein wollten. Die Wahrheit unseres Glaubens habe ich genannt: Es geht um eine gute Welt für alle Menschen! Daran müssen wir arbeiten. Nach diesem Grundsatz zu handeln steht jedem Menschen offen. *Man braucht nicht zur christlichen Gemeinschaft zu gehören, um Christ zu sein. Jeder Mensch kann den guten Weg gehen, auch derjenige, der noch nie etwas von Jesus gehört hat!*

Jesus hat tatsächlich eine Entwicklung eingeleitet. Tat er es bewusst oder entstand unser Glaube aus einer Reihe von Zufällen? Darauf kommt es nicht an! Wichtig ist einzig, dass der Weg besteht. Wir kennen ihn. Es liegt an uns, ihn zu gehen. Wenn wir ihn ernsthaft beschreiten, erlösen wir uns vom Übel, das ohne unseren Willen in uns selbst steckt. Der

116

Tod von Jesus bekommt damit tatsächlich die Bedeutung, die unser Glaube ihm zuschreibt. Jesus ist eben doch für uns gestorben!

Ich habe es schon gesagt, doch möchte ich es nochmals betonen: Wir alle glauben. Oft glauben wir auch Sonderbares. Wir dürfen glauben! Was wir glauben, darf allerdings nie verlässlichem Wissen widersprechen. Es ist auch nicht klug, Sachverhalte in einen Glauben einzubauen, die sich einmal als falsch erweisen könnten. Aufgeklärte Religiosität muss immer im Einklang mit dem zunehmenden Wissen stehen!

Meine Sorgen
Wir helfen gern. Die UNO hilft, Private helfen. Heute unterstützen verschiedene Organisationen die zahlreichen Menschen bei der Überfahrt von Afrika nach Europa, die nach Schutz oder nach der Möglichkeit eines besseren materiellen Lebens suchen. Eine gute Sache! Nur: Warum höre ich so wenig von Anstrengungen zum Schaffen von Arbeitsplätzen an Ort und Stelle? Interessieren Menschen erst dann, wenn sie sich für ein Leben bei uns entschieden haben?

Wir zerstören die Welt, in der auch unsere eigenen Kinder einmal leben müssen. Wir zerstören sie auf zwei Arten: Einmal durch unsere immer wachsenden Ansprüche, verbunden mit einem Glauben an die Notwendigkeit eines immer steigenden Wohlstandes. Als ob wir für ein optimal glückliches Leben nicht schon längst genug hätten! Nein, ohne unser egoistisches Verhalten einzuschränken, werden wir keine gute Welt schaffen! Wir zerstören die Welt aber auch durch unsere immer grössere Anzahl. Warum denkt kaum jemand daran? Heute wissen wir, wie wir die Kinderzahl begrenzen können. Die kleine Geburtenziffer in entwickelten Ländern zeigt es. Ein Hoffnungsschimmer! Doch woher die Hemmungen, die Notwendigkeit einer Begrenzung unserer Anzahl klar und deutlich von allen Staaten zu verlangen?

Soll der Glaube politisch sein? Selbstverständlich muss eine christliche Gemeinschaft überall mitreden, wo menschliche Probleme bestehen. Sie muss sich gegen jedes Leid einsetzen, gegen den mangelnden Willen zur Versöhnung, gegen die Zerstörung der Umwelt durch unsere zu hohen Ansprüche an den Wohlstand und gegen die zu grosse Anzahl an Menschen. Um solche Ziele muss es gehen, immer und überall. Es ist schliesslich die Aufgabe des Glaubens, den Menschen zu dienen! Nie geht es dagegen um Moderströmungen!

12 Wünsche an meine Kirche

Jesus verlangte nach Sinn!

Es ist die grosse Leistung des Juden Jesus, in den religiösen Geboten einen Sinn gesucht zu haben. Damit hat er eine Entwicklung eingeleitet. Er hat die Grundsätze formuliert, nach denen wir unser Tun und Denken richten sollen. Er hat uns die entscheidende Wahrheit gelehrt: Nur mit einer bestimmten Einstellung zum Mitmenschen – überhaupt zu allen fühlenden Wesen – schaffen wir eine gute Welt. Zu dieser Einstellung gehört die Bereitschaft, sich in gleicher Weise für das Wohlbefinden eines jeden einzusetzen. Alles andere ist Nebensache. Religiös gesagt: Was wir im Sinne der erwähnten Wahrheit tun, tun wir für Gott. Das gilt auch für den Atheisten.

Wie ich meine Kirche sehe

Ich wünsche mir eine Kirche, die ausdrücklich das Wesentliche des christlichen Glaubens als dasjenige anerkennt, worum es immer gehen muss. Dieses Wesentliche ist eine Welt mit mehr Freude und weniger Übel. Eine Welt mit mehr Freude und weniger Übel ist eine bessere Welt. Wenn wir den Einsatz für eine möglichst gute Welt als das wesentliche Ziel unseres Glaubens betrachten, dann sind wir stark. Dann haben wir keinen anderen Glauben zu fürchten.

Das Ziel unseres Glaubens besteht also im Wohl aller. Zu diesen „allen" gehört immer auch der Handelnde selbst. Wer selbstlos handeln will, darf es tun. Der christliche Glaube verlangt es nicht.

Das Ziel meiner Kirche soll der Einsatz für christliches Denken und Handeln sein. Mit dem Einsatz für das Wohl aller Menschen kämpft sie für eine gute Sache. Sie lässt aber jeder Person ihren eigenen Glauben. Ebenso soll sie *allen* Menschen offen stehen, auch jenen vielen, die mit dem Wort „Gott" Mühe bekunden. Dagegen braucht sie nicht nach Grösse zu streben, nicht nach möglichst vielen Mitgliedern. Kirchen bleiben heute oft leer. Was soll's? Eine heutige Kirche braucht nicht in erster Linie Besuche von Gottesdiensten, sondern Glaubwürdigkeit ihrer Aussagen.!

Meine Kirche kritisiert, was christlichen Grundsätzen widerspricht. Aber sie tut es mit dem nötigen Respekt vor dem Andersdenkenden.

Die Kirche darf und soll dem Menschen eine geistige Heimat bieten. Kulte und Zeremonien fördern den Zusammenhalt. Wem sie etwas bedeuten, der soll erhalten, was ihm hilft. Aber nicht jeder braucht und will dasselbe. Kultische Handlungen und Zeremonien sind nicht das Wesentliche unseres Glaubens!

Leider ist ein streng religiöses Leben oft mit intoleranten Auffassungen anderer Glaubensrichtungen gegenüber verbunden. Das hätte auch Jesus nicht gefallen!

Was die Kirche lehrt, muss glaubhaft sein. Es darf verlässlichem Wissen nicht widersprechen. Vor allem darf die Kirche nicht Glaubensinhalte, die der Auffassung eines aufgeklärten Christen widersprechen, zu zentralen Forderungen des Glaubens erheben. Wenn eine Kirche Sachverhalte, deren Sinn uns als kritisch denkenden Menschen nicht einleuchten kann, als wichtige Wahrheiten hinstellt, dann wird sie sich selbst zerstören. Die Zeit hat sich geändert! Der aufgeklärte Christ sucht nach dem Wesentlichen des Glaubens. Er orientiert sich in seinem Handeln an christlichen Grundsätzen, aber er glaubt nicht mehr an die geschichtliche Wahrheit von Ereignissen, die seinem Wissen widersprechen. Alle Kirchen sind gefordert! Das sind harte Worte. Ich sage sie aber mit Überzeugung.

Meine Kirche soll in Übereinstimmung mit den heutigen Erkenntnissen und vollständig informieren, ohne Angst vor Mitgliederschwund. Jeder Mensch muss die Grundlagen kennen, die nötig sind, um sich seine Meinung zu bilden. Er muss wissen, was Jesus vermutlich gewollt hat und wie der christliche Glaube entstanden ist. Er muss wissen, was man glauben *soll* und was man glauben *darf*. Selbstverständlich muss sich jeder Christ ein Bild davon machen können, welche Berichte als geschichtliche Wahrheiten betrachtet werden müssen (zum Beispiel Existenz und Tod von Jesus) und welche, nur als Gleichnis verstanden, wahr sein können (zum Beispiel die Verbannung aus dem Paradies). Von manchem, was noch immer geglaubt wird, steht nichts in der Bibel. Andere Berichte sind vom Zeitgeist geprägt. Manche enthalten die persönliche Auffassung des Autors, und einiges kann als blosse Ausschmückung betrachtet werden. Auch solches gibt es! Ein Christ muss das wissen.

Der grosse katholische Theologe Küng hat es so gesagt: „Allzu lange hat man in der offiziellen Lehre [...] dem 'Volk' die Resultate der historischen Bibelkritik vorenthalten und es z.B. über die Entstehung der Evangelien und die unterschiedlichen Genres biblischer Erzählungen im Dunkeln gelassen." Tatsächlich fehlten und fehlen oft auch heute noch den meisten Menschen die nötigen Kenntnisse, um Überlegungen über den eigenen Glauben anstellen zu können.

Was wollen wir die Jungen lehren?
Auch der junge Mensch muss selbst über seinen Glauben entscheiden können. Er braucht die dazu nötige Information. Die Kirche muss sie ihm geben. Wir erreichen die Jungen, wenn wir ihnen zeigen, dass wir für sie da sind. Das heisst, wir, die Kirche, müssen für sie da sein, nicht sie für unsere Kirche. Wir dürfen ihnen nichts aufschwatzen. Ich lese in einem Bericht zum Konfirmandenunterricht: „Wir wollen die Jungen zu Gott führen." Ich finde dieses Bemühen nicht klug. Die Jungen zu Gott führen? Was wissen wir von Gott? Wir alle wissen nichts! Stehen wir dazu! Vielleicht werden die Jungen ihren eigenen Weg zu Gott finden. Heisst zum Beispiel „an Gott glauben" nicht dasselbe wie „ernsthaft den richtigen Weg suchen"? Denken wir auch daran; die Bibel selbst fordert es: Wir dürfen uns von Gott keine Vorstellung machen!

Dagegen müssen wir die Jungen auf das Leben vorbereiten. Sie müssen wissen, wie uns die Natur gemacht hat. Sie sollen sich selbst in ihren guten und auch weniger guten

Anlagen kennenlernen. Sie müssen auch wissen, was nicht der Glaube, sondern nur die Kultur von uns verlangt. Sie müssen im Weiteren lernen, sich über die eigene Existenz Gedanken zu machen und nach Sinn im eigenen Leben zu suchen. Der junge Mensch muss sich aber auch bewusst werden, dass im Leben immer auch unvermeidbares Leid auftreten kann.

Wir dürfen und sollen auch zugestehen, dass das, was allseits Freude macht, nie schlecht sein kann!

Noch sind unsere menschlichen Anlagen – positive und negative – im religiösen Unterricht kein Diskussionsthema. Entsprechendes Wissen fehlt allerdings noch weitgehend. Es wird sich entwickeln und die Kirchen werden es ernst nehmen müssen.

Mein eigener Glaube

Was bringen traditionelle Gottesdienste? Ich sage es direkt und böse: Mich langweilen sie. Wozu und für wen soll ich ein persönliches Opfer in Form eines Kirchenbesuchs erbringen? Die Tätigkeit der Kirche soll dem Menschen dienen. Wer in der Kirche Trost oder Beistand sucht, soll ihn finden. Dazu ist die Kirche da. Ich selbst bleibe ihr meistens fern. So empfinde nicht nur ich. Viele andere fühlen ebenso. Die Kirchen als Bauten bleiben leer. Offensichtlich passt unser Glaube, so wie er heute vertreten wird, nicht mehr zu meinem eigenen Leben und wohl auch nicht zum Leben vieler anderer. Und doch braucht es die Kirche. Ihre

Aufgabe ist heute aber eine andere geworden. Ihren prakti-
schen Weg muss sie suchen.

*Für mich ist mein Glaube ein Auftrag. Das Gute wird nicht ge-
schenkt, nicht durch Religionen und nicht durch Ideologien, auch
nicht durch Wohlstand. Wir müssen es selbst erringen und schaffen. Dies zu sagen und am Guten zu arbeiten: Das ist für mich
christlicher Glaube.*

Das Glaubensbekenntnis für ein Kind bei seiner Taufe

Ich glaube, dass Gott bei mir ist.
Ich glaube, dass ich im Leben nicht allein bin.
Ich glaube an Gott, der uns liebt wie Vater und Mutter ihr eigenes Kind.
Ich glaube, dass Gott uns die Welt anvertraut hat.

Ich glaube, dass ich vor Gott nicht flüchten kann.
Ich glaube, dass Gott für uns das Leben will und nicht den Tod, die Freude und nicht das Leid.
Er versteht und liebt uns.

Ich glaube an Jesus Christus, in dem uns Gott ganz nahegekommen ist.
Er kam als hilfloses Kind auf die Welt und wurde zum Freund der Kinder.

Kinder sind in ihrer Offenheit, Neugierde, Verletzlichkeit und Liebe unser Vorbild.

Ich glaube an den guten Geist Gottes. In ihm können wir in Frieden zusammenleben.
Er schenkt uns die Kraft, Hoffnung und Lebensfreude auszustrahlen.

Er hilft dir als Kind, den Weg zu dir, den Mitmenschen und Gott zu finden.
In ihm sind wir eine christliche Gemeinschaft, die froh in der Hoffnung auf Gottes Liebe ihren Weg gehen kann.

(Quelle: Emilio Näf, Priester in den Seegemeinden des